**합격까지 박문각**
**합격 노하우가 다르다!**

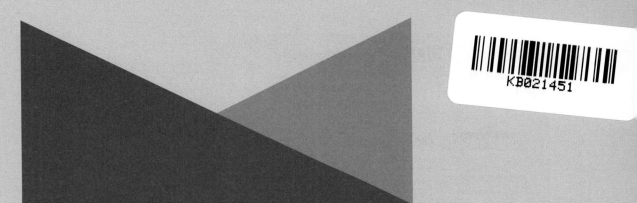

조홍주 **행정쟁송법**

**2차 | 완벽정리**

조홍주 편저

**제1판**

# 박문각 공인노무사

## 답안작성을 위한 5대 Legal mind

**Legal mind 1** 대전제를 설정하기 – 대전제를 선점하라!

**Legal mind 2** 전제상황 제시 후 대전제의 구성요소인 소전제를 분류하기 – 궤변을 방어하라!

**Legal mind 3** 문제되는 소전제를 판단하기 위한 목차를 제시하기 – 논증을 한 곳으로 모으라!

**Legal mind 4** 문제되는 소전제를 설문에 비추어 포섭하기 – 논증의 전개방식에 따른 치열한 법리전개의 현장을 보여라!

**Legal mind 5** 소전제들이 모두 명확하게 밝혀졌으므로 그 밝혀진 소전제들에 비추어 소전제들의 집합인 대전제에 대한 결론을 내리기 – inclusio 구조로 논증의 완결성을 보여라! 반드시 묻는 문제에 대하여 답을 하라!

## 📖 시험과목 및 시험시간

가. 시험과목(공인노무사법 시행령 제6조)

| 구분 | 시험과목[배점] | | 출제범위 |
|---|---|---|---|
| **제1차 시험**<br>(6과목) | 필수<br>과목<br>(5) | ❶ 노동법(1)<br>[100점] | 「근로기준법」, 「파견근로자보호 등에 관한 법률」, 「기간제 및 단시간근로자 보호 등에 관한 법률」, 「산업안전보건법」, 「직업안정법」, 「남녀고용평등과 일·가정 양립지원에 관한 법률」, 「최저임금법」, 「근로자퇴직급여 보장법」, 「임금채권보장법」, 「근로복지기본법」, 「외국인근로자의 고용 등에 관한 법률」 |
| | | ❷ 노동법(2)<br>[100점] | 「노동조합 및 노동관계조정법」, 「근로자참여 및 협력 증진에 관한 법률」, 「노동위원회법」, 「공무원의 노동조합 설립 및 운영 등에 관한 법률」, 「교원의 노동조합 설립 및 운영 등에 관한 법률」 |
| | | ❸ 민법[100점] | 총칙편, 채권편 |
| | | ❹ 사회보험법<br>[100점] | 「사회보장기본법」, 「고용보험법」, 「산업재해보상보험법」, 「국민연금법」, 「국민건강보험법」, 「고용보험 및 산업재해보상보험의 보험료징수 등에 관한 법률」 |
| | | ❺ 영어 | ※ 영어 과목은 영어능력검정시험 성적으로 대체 |
| | 선택<br>과목<br>(1) | ❻ 경제학원론,<br>경영학개론<br>중 1과목[100점] | |

※ 노동법(1) 또는 노동법(2)는 노동법의 기본이념 등 총론 부분을 포함

| 구분 | 시험과목[배점] | | 출제범위 |
|---|---|---|---|
| **제2차 시험**<br>(4과목) | 필수<br>과목<br>(3) | ❶ 노동법<br>[150점] | 「근로기준법」, 「파견근로자보호 등에 관한 법률」, 「기간제 및 단시간근로자 보호 등에 관한 법률」, 「산업안전보건법」, 「산업재해보상보험법」, 「고용보험법」, 「노동조합 및 노동관계조정법」, 「근로자참여 및 협력증진에 관한 법률」, 「노동위원회법」, 「공무원의 노동조합 설립 및 운영 등에 관한 법률」, 「교원의 노동조합 설립 및 운영 등에 관한 법률」 |
| | | ❷ 인사노무관리론<br>[100점] | |
| | | ❸ 행정쟁송법<br>[100점] | 「행정심판법」 및 「행정소송법」과 「민사소송법」 중 행정쟁송 관련 부분 |
| | 선택<br>과목<br>(1) | ❹ 경영조직론,<br>노동경제학,<br>민사소송법<br>중 1과목 [100점] | |
| **제3차 시험** | 면접시험 | | 공인노무사법 시행령 제4조 제3항의 평정사항 |

※ 노동법은 노동법의 기본이념 등 총론 부분을 포함

※ 시험관련 법률 등을 적용하여 정답을 구하여야 하는 문제는 **"시험시행일"** 현재 시행 중인 법률 등을 적용하여야 함
※ 기활용된 문제, 기출문제 등도 변형 · 활용되어 출제될 수 있음

나. 과목별 시험시간

| 구분 | 교시 | 시험과목 | 입실시간 | 시험시간 | 문항수 |
|---|---|---|---|---|---|
| 제1차 시험 | 1 | ❶ 노동법(1)<br>❷ 노동법(2) | 09:00 | 09:30 ~ 10:50<br>(80분) | 과목별<br>40문항 |
| | 2 | ❸ 민법<br>❹ 사회보험법<br>❺ 경제학원론, 경영학개론 중 1과목 | 11:10 | 11:20 ~ 13:20<br>(120분) | |
| 제2차 시험 | 1 | ❶ 노동법 | 09:00 | 09:30 ~ 10:45<br>(75분) | 4문항 |
| | 2 | | 11:05 | 11:15 ~ 12:30<br>(75분) | |
| | 3 | ❷ 인사노무관리론 | 13:30 | 13:50 ~ 15:30<br>(100분) | 과목별<br>3문항 |
| | 1 | ❸ 행정쟁송법 | 09:00 | 09:30 ~ 11:10<br>(100분) | |
| | 2 | ❹ 경영조직론, 노동경제학,<br>민사소송법 중 1과목 | 11:30 | 11:40 ~ 13:20<br>(100분) | |
| 제3차 시험 | – | 공인노무사법 시행령 제4조 제3항의 평정사항 | – | 1인당 10분 내외 | – |

※ 제3차 시험장소 등은 Q-Net 공인노무사 홈페이지 공고

## 📖 합격기준

| 구분 | 합격결정기준 |
|---|---|
| 제1차 시험 | • 영어과목을 제외한 나머지 과목에 대하여 각 과목 100점을 만점으로 하여 각 과목 40점 이상, 전 과목 평균 60점 이상을 득점한 자<br>• 제1차 시험 과목 중 일부를 면제받는 자는 영어과목을 제외한 나머지 응시한 각 과목 40점 이상, 응시한 전 과목 평균 60점 이상을 득점한 자 |
| 제2차 시험 | • 각 과목 만점의 40% 이상, 전 과목 총점의 60% 이상을 득점한 자<br>• 제2차 시험 과목 중 일부를 면제받는 자는 응시한 각 과목 만점의 40% 이상, 응시한 전 과목 총점의 60% 이상을 득점한 자<br>• 최소합격인원 미달일 경우 각 과목 배점의 40% 이상을 득점한 자 중 전 과목 총득점이 높은 자부터 차례로 추가하여 합격자 결정<br>※ 위의 단서에 따라 합격자를 결정하는 경우에는 제2차 시험과목 중 일부를 면제받는 자에 대하여 각 과목 배점 40% 이상 득점한 자의 과목별 득점 합계에 1.5를 곱하여 산출한 점수를 전 과목 총득점으로 봄<br>※ 제2차 시험의 합격자 수가 동점자로 인하여 최소합격인원을 초과하는 경우에는 해당 동점자 모두를 합격자로 결정. 이 경우 동점자의 점수는 소수점 이하 셋째자리에서 반올림하여 둘째자리까지 계산 |
| 제3차 시험 | • 제3차 시험은 평정요소마다 각각 "상"(3점), "중"(2점), "하"(1점)로 구분하고, 총 12점 만점으로 평균 8점 이상 득점한 자<br>• 위원의 과반수가 어느 하나의 평정요소에 대하여 "하"로 평정한 때에는 불합격 |

# CONTENTS

# CONTENTS

## PART 03　행정소송 중 항고소송으로서 무효등확인소송

## PART 04　행정소송 중 항고소송으로서 부작위위법확인소송

## PART 05　행정소송 중 당사자소송

## PART 06　공인노무사 2차 행정쟁송법 기출문제

박문각 공인노무사

# 행정소송 들어가기
# – 행정소송의 한계

# 01 | 통치행위

## Ⅰ 문제의 소재

행정소송법(이하 동법이라 함) 제38조, 동법 제19조와 동법 제2조 제1항 제1호에 의하면 항고소송의 대상이 되는 처분이란 행정청이 행하는 구체적 사실에 관한 법집행으로서의 공권력의 행사 또는 그 거부와 그밖에 이에 준하는 행정작용을 말한다. 대통령 甲의 파병결정은 행정청이 행하는 구체적 사실에 관한 법집행이다. 대통령 甲의 파병결정이 행정소송법상 항고소송의 대상이 되는가와 관련하여 첫째, 대통령 甲의 파병결정이 항고소송의 대상이 되는 처분인지 문제된다. 둘째, 대통령 甲의 파병결정이 통치행위인지 문제된다.

## Ⅱ 대통령 甲의 파병결정이 항고소송의 대상이 되는 처분인지 여부

### 1. 판례

항고소송의 대상이 되는 처분이란 원칙적으로 행정청의 공법상 행위로서 특정 사항에 대하여 법규에 의한 권리의 설정 또는 의무의 부담을 명하거나 기타 법률상 효과를 직접 발생하게 하는 등 국민의 권리·의무에 직접 관계가 있는 행위를 말한다.[2]

### 2. 사안의 경우

대통령 甲의 파병결정은 파병 대상이 된 부대와 그 소속 군인들에게 U국으로 파견하여 임무에 종사하여야 할 작위의무의 부담을 명하는 행위이므로 국민의 권리·의무에 직접 관계가 있는 행위이어서 항고소송의 대상이 되는 처분이다. 이를 강학상 하명이라 한다.

## Ⅲ 대통령 甲의 파병결정이 통치행위인지 여부

### 1. 학설

실질적 법치국가의 확립, 행정소송사항의 개괄주의 등을 이유로 사법심사에서 제외되는 통치행위 자체를 부정하는 견해와 사법권의 내재적 제약을 근거로 혹은 자유재량행위임을 근거로 혹은 독자적 행위임을 근거로 사법심사에서 제외되는 통치행위를 긍정하는 견해가 있다.

### 2. 판례[3]

고도의 정치성을 띤 국가행위에 대하여는 이른바 통치행위라 하여 법원 스스로 사법심사권의 행사를 억제하여 그 심사대상에서 제외하는 영역이 있을 수 있다.

---

1) 출제되는 형식은 통치행위, 의무이행소송 또는 예방적 금지소송으로만 가능하다.
2) 〈두문자암기 : 행공특법권의기/국권직관〉
3) 〈두문자암기 : 고정국/스억〉

### 3. 검토

사법심사에서 제외되는 통치행위를 부정하는 것이 논리적이기는 하나, 국가작용 중 사법통제를 통한 분쟁해소의 대상보다는 주권자인 국민들의 정치적 행위를 통하여 분쟁해소의 대상이 되는 것도 있다는 점에서 내재적 제약설과 판례가 타당하다.

### 4. 사안의 경우

통치행위가 인정되려면 그 행사주체는 국회 또는 대통령이어야 하고, 그 내용이 고도의 정치성을 띠어야 한다. 대통령 甲의 파병결정은 행사주체가 대통령이고, 그 내용이 국군의 해외파병으로서 국제관계영역과 국군의 병력운용영역에서 행해지는 고도의 정치성을 띤 것으로 보이므로 통치행위이다.

### Ⅳ 설문의 해결

대통령 甲의 파병결정은 항고소송의 대상이 되는 처분이기는 하나 사법심사가 자제되는 통치행위로서 행정소송법상 항고소송의 대상이 되지 않는다. 다만 헌법상의 원리위반이나 기본권 침해에 직접 관련된다면 헌법재판의 대상이 될 수 있다.

# 02 | 무명항고소송

## 제1절  의무이행소송

### Ⅰ 문제의 소재

법원조직법 제2조 제1항에 의하면 법원은 헌법에 특별한 규정이 있는 경우를 제외한 모든 법률상의 쟁송(爭訟)을 심판하고, 이 법과 다른 법률에 따라 법원에 속하는 권한을 가진다. 행정소송법(이하 동법이라 함) 제3조 및 제4조에 의하면 항고소송에는 취소소송, 무효등확인소송, 부작위위법확인소송이 있다. 갑이 제기한 어업면허면적을 종전으로 환원하여 주는 처분을 청구하는 행정소송은 소위 의무이행소송이다. 어업면허면적을 종전으로 환원하여 주는 처분을 청구하는 행정소송을 제기하는 것이 적법하게 인정될 수 있는지와 관련하여 소위 의무이행소송이 행정법원이 가지는 행정법원에 속하는 권한인지 문제된다.

### Ⅱ 소위 의무이행소송이 행정법원이 가지는 행정법원에 속하는 권한인지 여부

### 1. 학설

① 권력분립의 원칙상, 의무이행소송의 인정 여부는 입법정책의 문제라는 점, 그리고 행정소송법 제4조의 항고소송의 종류는 열거적·제한적이라는 점에서 의무이행소송이 행정법원에 속하는 권한임을 부정하는 견해, ② 권력분립의 목적은 권력 상호 간의 견제를 통한 국민의 권리보장에 있는 것이라는 점, 행정소송법 제4조 제1호의 변경은 문자 그대로 적극적인 변경으로 보아야 한다는 점, 그리고 행정소송법 제4조는 예시규정이라는 점에서 의무이행소송이 행정법원에 속하는 권한임을 긍정하는 견해, ③ 원칙적으로 긍정할 수 없으나 처분요건이 일의적이고, 사전에 구제하지 않으면 회복할 수 없는 손해가 발생할 수 있으며, 다른 구제방법이 없는 경우에는 의무이행소송이 행정법원에 속하는 권한임을 인정해야 된다는 제한적 허용설이 있다.[4]

### 2. 판례

검사에게 압수물 환부를 이행하라는 청구는 행정청의 부작위에 대하여 일정한 처분을 하도록 하는 의무이행소송으로 현행 행정소송법상 허용되지 아니한다.[5]

### 3. 검토 및 사안의 경우

항고소송의 종류를 정하고 있는 행정소송법 제4조를 예시적 규정으로 해석하여 무명항고소송의 형태로 의무이행소송을 실무화하는 것이 가능하다는 견해는 명문으로 인정된 부작위위법확인소송을 사문화시키는 것으로서 입법자의 의사에 반하는 해석이라는 점, 행정소송법은 절차법으로서

---

4) ①②③ 번호를 붙이는 것도 무방하다.

5) 대판 1995.3.10, 94누14018

법정주의가 적용된다는 점, 항고소송은 행정처분에 대한 사후적 통제수단이라는 점에서 의무이행소송은 행정법원에 속하는 권한임을 부정하는 견해와 판례가 타당하다. 소위 의무이행소송은 행정법원이 가지는 행정법원에 속하는 권한이 아니다.

### Ⅲ 설문의 해결

어업면허면적을 종전으로 환원하여 주는 처분을 청구하는 행정소송을 제기하는 것은 적법하게 인정될 수 있지 않다.

---

## 제 2 절　예방적 부작위소송

### Ⅰ 문제의 소재

행정소송법(이하 동법이라 함) 제3조 및 제4조에 의하면 항고소송에는 취소소송, 무효등확인소송, 부작위위법확인소송이 있다. 갑이 제기한 소송형식은 위법한 행정작용을 미리 저지할 것을 목적으로 장래에 있을 특정한 행정행위의 발동에 대한 방지를 청구하는 소송으로 소위 예방적 부작위소송이다. 소위 예방적 부작위소송이 현행 행정소송법상 허용될 수 있는가와 관련하여 예방적 부작위소송의 제기가 가능한지 문제된다.

### Ⅱ 예방적 부작위소송의 제기가 가능한지 여부

#### 1. 학설

형식적 권력분립의 원칙에 비추어 동법 제4조는 열거규정이므로 부정하는 견해, 실질적 권력분립의 원칙에 비추어 동법 제4조는 예시규정이므로 긍정하는 견해, 처분요건이 일의적이며, 미리 구제하지 않으면 회복하기 어려운 손해가 발생할 우려가 있고, 다른 구제수단이 없는 예외적인 경우에만 가능하다는 견해 등이 있다.

#### 2. 판례

피고에 대하여 이 사건 신축건물의 준공처분을 하여서는 아니 된다는 내용의 부작위를 구하는 원고의 예비적 청구는 행정소송에서 허용되지 아니하는 것이므로 부적법하다.

#### 3. 검토 및 소결

행정소송법은 절차법으로서 법정주의가 적용된다는 점, 항고소송은 행정청의 판단에 대한 사후적인 통제제도라는 점에 비추어 판례가 타당하다. 예방적 부작위소송의 제기는 가능하지 않다.

### Ⅲ 설문의 해결

甲이 B구청장을 피고로 하여 제기한 '피고는 소외 乙에게 건축허가를 하여서는 아니 된다.'는 청구는 소위 예방적 부작위소송으로서 현행 행정소송법상 허용되지 아니한다.

박**문**각 공인노무사

# 행정소송 중
# 항고소송으로서
# 취소소송

# 01 | 취소소송의 제기

## Ⅰ 문제의 소재

취소소송의 제기가 적법(취소소송의 제기가 가능)하려면, 처분을 취소소송의 대상으로 취소소송의 원고적격, 취소소송의 피고적격, 취소소송의 협의의 소익, 취소소송의 제소기간, 취소소송의 관할법원, 취소소송의 행정심판전치 등의 취소소송요건을 충족하여야 한다. 갑은 을을 상대로 ○○에 대하여 취소소송을 제기하였다. 이와 관련하여 첫째, ○○이 취소소송의 대상이 되는지 문제된다. 둘째, 갑이 취소소송의 원고적격을 충족하는지 문제된다. 셋째, 을이 취소소송의 피고 적격을 충족하는지 문제된다. 넷째, 갑의 제소가 취소소송의 협의의 소익요건을 충족하는지 문제된다. 다섯째, 갑의 제소가 취소소송의 제소기간요건을 충족하는지 문제된다. 여섯째, 갑의 제소가 취소소송의 관할법원요건을 충족하는지 문제된다. 일곱째, 갑의 제소가 취소소송의 행정심판전치요건을 충족하는지 문제된다.

## 제1절　취소소송의 대상

### 제1항　취소소송의 대상 - 처분문서가 1개(일원설에 기초한 판례의 태도를 중심으로)

#### type 1-1　취소소송의 대상이 되는 처분 : 법규에 의한 권리의 설정 또는 의무의 부담을 명하는 것

## Ⅰ 문제의 소재

행정소송법(이하 동법이라 함) 제19조와 동법 제2조 제1항 제1호에 의하면[6] 취소소송의 대상이 되는 처분이란 행정청이 행하는 구체적 사실에 관한 법집행으로서의 공권력의 행사 또는 그 거부와 그밖에 이에 준하는 행정작용을 말한다. 을이 갑에 대하여 행한 ○○은 구체적 사실에 관한 법집행이다.[7] 이와 관련하여 첫째, 을이 행정청인지 문제된다. 둘째, ○○이 취소소송의 대상이 되는 처분인지 문제된다.[8]

---

[6] 법률규정을 보고 베낄 때에는 반드시 「에 의하면」이라고 하면서 보고 베낀다. 법률규정이 지나치게 긴 경우에는 … 를 이용하여 과감하게 간략하게 서술한다. 절대로 동일 취지의 문장으로 압축하여 서술하면 안 된다. 실체법적 처분개념설은 행정소송법 제19조와 제2조 제1항 제1호라고 하여 법률규정을 통합적으로 본다. 반면에 쟁송법적 처분개념설은 먼저 행정소송법 제2조 제1항 제1호의 처분인가를 살펴보고, 만약 처분이라면 다시 행정소송법 제19조에 의하여 취소소송의 대상이 되는지를 살펴본다. 법조문을 어떻게 나열하느냐에 따라 처분개념에 관한 시각이 드러난다.

[7] 구체적 사실에 관한 법집행이란 구체적 규율대상에 대하여 개별적 관련자에게 근거법규를 적용하여 집행하는 것이다. 사례형에서 구체적 사실에 관한 법집행인지에 대해 묻는 문제란 상상하기 어렵다.

[8] 또는 셋째, ○○의 거부가 행정청이 행하는 구체적 사실에 관한 법집행으로서의 그 거부인지 문제된다. 또는 셋째, ○○이 행정청이 행하는 구체적 사실에 관한 법집행으로서의 그밖에 이에 준하는 행정작용인지 문제된다. 이렇게 행정청이 행하는 구체적 사실에 관한 법집행으로서의 공권력의 행사와 그 거부, 그리고 그밖에 이에 준하는 행정작용은 병존되지 않고 택일관계에 있다.

## Ⅱ 을이 행정청인지 여부

### 1. 행정청

동법 제2조 제2항에 의하면 이 법을 적용함에 있어서 행정청에는 법령에 의하여 행정권한의 위임 또는 위탁을 받은 행정기관, 공공단체 및 그 기관 또는 사인이 포함된다. 행정청은 행정조직법상의 행정청이 아니라 국가 또는 공공단체의 행정에 관한 의사를 결정하고, 그 결정된 의사를 표시할 수 있는 행정기관으로서 기능적 의미의 행정청이다.

### 2. 사안의 경우

## Ⅲ ○○이 취소소송의 대상이 되는 처분인지9) 여부

### 1. 판례

취소소송의 대상이 되는 처분은 원칙적으로 행정청의 공법상 행위로서 특정 사항에 대하여 법규에 의한 권리의 설정 또는 의무의 부담을 명하거나 기타 법률상의 효과를 직접 발생하게 하는 등 국민의 권리의무에 직접 관계가 있는 행위를 말한다.10)

### 2. 사안의 경우

○○은 ~라는 권리를 발생하게(~라는 의무의 부담을 명하게 또는 ~라는 ~법 제~조상의 효과를 발생하게) 하므로 국민의 권리의무에 직접 관계가 있는 행위이어서 취소소송의 대상이 되는 처분이다. 이를 강학상 특허(허가, 하명, 인가, 대리, 공증, 통지, 수리)라 한다.

## Ⅳ 설문의 해결

○○은 동법 제19조와 동법 제2조 제1항 제1호에 의하여 취소소송의 대상이 되는 처분이다.

### type 1-2 취소소송의 대상이 되는 처분 : 기타 법률상 효과를 직접 발생하게 하는 행위들

## Ⅰ 문제의 소재

행정소송법(이하 동법이라 함) 제19조와 동법 제2조 제1항 제1호에 의하면 취소소송의 대상이 되는 처분이란 행정청이 행하는 구체적 사실에 관한 법집행으로서의 공권력의 행사 또는 그 거부와 그밖에 이에 준하는 행정작용을 말한다. 을이 갑에 대하여 행한 독촉(계고)은 구체적 사실에 관한 법집행이다. 이와 관련하여 독촉(계고)이 취소소송의 대상이 되는 처분인지 문제된다.

---

9) 이에 대한 학설로 처분의 중심적 개념인 행정청이 행하는 구체적 사실에 관한 법집행으로서의 공권력 행사가 강학상 행정행위를 의미한다는 일원설과 강학상 행정행위뿐만 아니라 처분적 법규, 구속적 계획, 권력적 사실행위도 의미한다는 이원설이 있다.

10) 대판 2015.12.10, 2011두32515 〈두문자암기 : 행/공/특/법/권/의/기〉

## Ⅱ 독촉(계고)이 취소소송의 대상이 되는 처분인지 여부

### 1. 판례

취소소송의 대상이 되는 처분은 원칙적으로 행정청의 공법상 행위로서 특정 사항에 대하여 법규에 의한 권리의 설정 또는 의무의 부담을 명하거나 기타 법률상의 효과를 직접 발생하게 하는 등 국민의 권리의무에 직접 관계가 있는 행위를 말한다.[11]

### 2. 사안의 경우

독촉(계고)은 ○○법 제○○조 제○○항에 의하여 ○○이라는 법률상 효과를 직접 발생하게 하므로 국민의 권리의무에 직접 관계가 있는 행위이어서 취소소송의 대상이 되는 처분이다. 이를 준법률행위적 행정행위로서 강학상 통지라 한다.

## Ⅲ 설문의 해결

독촉(계고)은 동법 제19조와 동법 제2조 제1항 제1호에 의하여 취소소송의 대상이 되는 처분이다.

### type 1-3 취소소송의 대상이 되는 처분 : 국민의 실체적 권리관계에 밀접한 관련이 있는 행위

## Ⅰ 문제의 소재

행정소송법(이하 동법이라 함) 제19조와 동법 제2조 제1항 제1호에 의하면 취소소송의 대상이 되는 처분이란 행정청이 행하는 구체적 사실에 관한 법집행으로서의 공권력의 행사 또는 그 거부와 그밖에 이에 준하는 행정작용을 말한다. 갑이 신청한 토지대장상의 지적정정에 대하여 을이 행한 거부는 행정청이 행하는 구체적 사실에 관한 법집행이다. 이와 관련하여 갑이 신청한 토지대장상의 토지지목정정이 취소소송의 대상이 되는 처분인지 문제된다.

## Ⅱ 갑이 신청한 토지대장상의 토지지목정정이 취소소송의 대상이 되는 처분인지 여부

### 1. 판례

취소소송의 대상이 되는 처분은 원칙적으로 행정청의 공법상 행위로서 특정 사항에 대하여 법규에 의한 권리의 설정 또는 의무의 부담을 명하거나 기타 법률상의 효과를 직접 발생하게 하는 등 국민의 권리의무에 직접 관계가 있는 행위를 말한다.[12]

### 2. 사안의 경우

지목은 토지에 대한 공법상의 규제, 개발부담금의 부과대상, 지방세의 과세대상, 공시지가의 산정, 손실보상가액의 산정 등 토지행정의 기초로서 공법상의 법률관계에 영향을 미치고, 토지소유자는 지목을 토대로 토지의 사용·수익·처분에 일정한 제한을 받게 되는 점 등을 고려하면, 지목은 토지소유권을 제대로 행사하기 위한 전제요건으로서 토지소유자의 실체적 권리관계에 밀접

---

11) 대판 2015.12.10, 2011두32515 〈두문자암기 : 행/공/특/법/권/의/기〉

12) 대판 2015.12.10, 2011두32515 〈두문자암기 : 행/공/특/법/권/의/기〉

하게 관련되어 있으므로 토지지목정정은 국민의 권리·의무에 직접 관계가 있는 행위이어서 취소소송의 대상이 되는 처분이다. 이를 준법률행위적 행정행위로서 강학상 공증이라 한다.

### Ⅲ 설문의 해결

갑이 신청한 토지대장상의 토지지목정정은 동법 제19조와 동법 제2조 제1항 제1호에 의하여 취소소송의 대상이 되는 처분이다.

---

### type 1-4 취소소송의 대상이 되는 처분 : 신고를 수리하는 허가관청의 행위

### Ⅰ 문제의 소재

행정소송법(이하 동법이라 함) 제19조와 동법 제2조 제1항 제1호에 의하면 취소소송의 대상이 되는 처분이란 행정청이 행하는 구체적 사실에 관한 법집행으로서의 공권력의 행사 또는 그 거부와 그밖에 이에 준하는 행정작용을 말한다. 을이 갑에 대하여 행한 영업양도에 따른 지위승계신고수리는 행정청이 행하는 구체적 사실에 관한 법집행이다. 이와 관련하여 영업양도에 따른 지위승계신고를 수리하는 을의 행위가 취소소송의 대상이 되는 처분인지 문제된다.

### Ⅱ 영업양도에 따른 지위승계신고를 수리하는 을의 행위가 취소소송의 대상이 되는 처분인지 여부

#### 1. 문제의 소재

사인의 공법행위로서 신고에는 자체완성적 신고와 수리를 요하는 신고가 있으며, 수리를 요하는 신고에 대한 수리가 취소소송의 대상이 되는 처분이 된다. 이를 준법률행위적 행정행위로서 강학상 수리라 한다. 이와 관련하여 영업자지위의 승계가 이루어지는 식품접객업이 자체완성적 신고업인지 수리를 요하는 신고업인지 문제된다.

#### 2. 영업자지위의 승계가 이루어지는 식품접객업이 자체완성적 신고업인지 수리를 요하는 신고업인지 여부

##### (1) 판례

영업자지위의 승계가 이루어지는 영업의 종류가 자체완성적 신고업이라면 영업자지위승계신고도 자체완성적 신고이고, 수리를 요하는 신고업이나 허가업이라면 영업자지위승계신고는 수리를 요하는 신고이다. 개별법령이 등록규정과 신고규정으로 구별되어 규정된 경우에는 등록은 수리를 요하는 신고이고, 신고는 자족적 신고이다. 개별법령이 신고규정으로 일의적으로 규정된 경우에는 문언의 합리적이고도 유기적인 해석상 형식적 심사요건에 그치는 신고는 자족적 신고이고, 실질적 심사요건까지 나아가면 수리를 요하는 신고이다.[13] 강학상 허가는 상대적 금지를 해제하여 자연적 자유를 회복시켜주는 행위이므로 실질적 요건심사를 행한다.

---

13) 〈두문자암기 : 등수신자/형자실수〉

### (2) 사안의 경우

식품접객업허가의 법적 성질은 상대적 금지를 해제하여 식품접객업 영업이라는 자연적 직업의 자유를 회복시켜주는 행위이다. 이를 강학상 허가라 한다. 허가업인 식품접객업에서의 영업자지위승계신고에 대한 심사의 내용은 양도인에 대한 허가철회와 양수인에 대한 허가요건의 충족여부에 대한 실질적 심사이다. 영업자지위의 승계가 이루어지는 식품접객업은 수리를 요하는 신고업이다.

## 3. 소결

수리를 요하는 신고업인 식품접객업에서의 영업자지위승계신고에 대한 수리의 법적 성질은 수리를 요하는 신고에 대한 수리이므로 준법률행위적 행정행위인 수리이다. 영업양도에 따른 지위승계신고를 수리하는 을의 행위는 취소소송의 대상이 되는 처분이다.

## Ⅲ 설문의 해결

영업양도에 따른 지위승계신고를 수리하는 허가관청의 행위는 동법 제19조와 동법 제2조 제1항 제1호에 의하여 취소소송의 대상이 되는 처분이다.

---

**type 2** 취소소송의 대상이 되는 처분 : 행정청이 행하는 구체적 사실에 관한 법집행으로서의 그밖에 이에 준하는 행정작용[14]

## Ⅰ 문제의 소재

행정소송법(이하 동법이라 함) 제19조와 동법 제2조 제1항 제1호에 의하면 취소소송의 대상이 되는 처분이란 행정청이 행하는 구체적 사실에 관한 법집행으로서의 공권력의 행사 또는 그 거부와 그밖에 이에 준하는 행정작용을 말한다. 을이 갑에 대하여 행한 ○○은 구체적 사실에 관한 법집행이다. 이와 관련하여 첫째, ○○의 법적 성질이 문제된다. 둘째, ○○이 취소소송의 대상이 되는 처분인지 문제된다.

## Ⅱ ○○의 법적 성질[15]

## 1. 판례

법규명령이란 법령상의 수권에 근거하여 행정권이 정립하는 규범으로서 국민과의 관계에서 일반 구속적인 규범이다.

---

14) 행정청이 행하는 구체적 사실에 관한 법집행으로서 공권력 행사를 강학상 행정행위로 보는 시각(일원설)에 따른 문제풀이방식이다.

15) ① ○○이란 행정에 관한 전문적·기술적 판단을 기초로 하여 특정한 행정목표를 달성하기 위하여 서로 관련되는 행정수단을 종합·조정함으로써 장래의 일정한 시점에 있어서 일정한 질서를 형성하기 위하여 설정된 활동기준으로 행정계획이다. 따라서 강학상 행정행위밖에 행정작용이다.
② ○○은 일정한 법적 효과의 발생을 목적으로 하는 것이 아니라 교량의 건설, 도로의 청소 등에서 보는 바와 같이 직접 어떠한 사실상의 효과·결과의 실현을 목적으로 하는 행정작용으로 행정상 사실행위이다. 따라서 강학상 행정행위밖에 행정작용이다.
③ ○○은 행정기관이 그 소관사무의 범위 안에서 일정한 행정목적을 실현하기 위하여 특정인에게 일정한 행위를 하거나 하지 아니하도록 지도·권고·조언 등을 하는 행정작용으로서 행정절차법 제2조 제3호의 행정지도이다. 따라서 강학상 행정행위밖에 행정작용이다.

## 2. 사안의 경우

○○은 법령상의 수권에 근거하여 행정권이 정립하는 규범으로서 국민과의 관계에서 일반구속적인 규범인 법규이다. 이는 강학상 행정행위밖에 행정작용이다.

## Ⅲ ○○이 취소소송의 대상이 되는 처분인지 여부

### 1. 판례

취소소송의 대상이 되는 처분은 원칙적으로 행정청의 공법상 행위로서 특정 사항에 대하여 법규에 의한 권리의 설정 또는 의무의 부담을 명하거나 기타 법률상의 효과를 직접 발생하게 하는 등 국민의 권리의무에 직접 관계가 있는 행위를 말한다.[16]

### 2. 사안의 경우

○○은 권리의 설정을 명하므로(또는 의무의 부담을 명하므로 또는 기타 법률상의 효과를 직접 발생하게 하므로) 국민의 권리의무에 직접 관계가 있는 행위이어서 취소소송의 대상이 되는 처분이다. 이는 강학상 행정행위에 준하는 행정작용이다.

## Ⅳ 설문의 해결

○○은 강학상 행정행위밖에 강학상 행정행위에 준하는 행정작용이므로 취소소송의 대상이 되는 처분이다. 이를 처분적 법규(구속적 계획/권력적 사실행위)라 한다. 이에 대해서 ○○은 동법 제2조 제1항 제1호에 의하여 행정청이 행하는 구체적 사실에 관한 법집행으로서의 공권력의 행사이면서, 그 성질이 개별적·직접적·구체적 외부효를 가진 법적 행위이므로 처분적 법규(구속적 계획/권력적 사실행위)로서 행정소송법 제19조에 의하여 취소소송의 대상이라고 보는 이원설이 있다. 어느 견해에 의하든 취소소송의 대상이다.[17]

---

**type 3-1** **취소소송의 대상이 되는 거부처분 : 행정청이 행하는 구체적 사실에 관한 법집행으로서의 그 거부**

## Ⅰ 문제의 소재

행정소송법(이하 동법이라 함) 제19조와 동법 제2조 제1항 제1호에 의하면 취소소송의 대상이 되는 처분이란 행정청이 행하는 구체적 사실에 관한 법집행으로서의 공권력의 행사 또는 그 거부와 그밖에 이에 준하는 행정작용을 말한다. 을이 갑에 대하여 행한 ○○의 거부는 행정청이 행하는 구체적 사실에 관한 법집행이다. 이와 관련하여 ○○의 거부가 취소소송의 대상이 되는 거부처분인지 문제된다.

---

16) 대판 2015.12.10, 2011두32515 〈두문자암기 : 행공특법권의기. 이 부분을 반복적으로 쓰지 않고 바로 사안포섭을 하여도 무방하다.〉
17) 법률규정을 배열하는 순서에 주목하기 바란다.

## Ⅱ ○○의 거부가 취소소송의 대상이 되는 거부처분인지 여부

### 1. 문제의 소재

판례에 의하면 거부가 취소소송의 대상이 되는 거부처분이 되려면, 그 신청한 행위가 처분이어야 하고, 그 거부행위가 신청인의 법률관계에 어떤 변동을 일으키는 것이어야 하며, 그 국민에게 그 행위발동을 요구할 법규상 또는 조리상의 신청권이 있어야 한다.[18] 판례에 의하면 신청권이 있는 처분에 대한 거부행위는 신청인의 법적 상태에 변동을 초래한다. ○○의 거부가 취소소송의 대상이 되는 거부처분인지와 관련하여 첫째, 그 신청한 행위인 ○○이 취소소송의 대상이 되는 처분인지 문제된다. 둘째, 그 국민에게 ○○의 발동을 요구할 법규상 또는 조리상의 신청권이 있는지 문제된다.

### 2. 그 신청한 행위인 ○○이 취소소송의 대상이 되는 처분인지 여부

#### (1) 판례

취소소송의 대상이 되는 처분은 원칙적으로 행정청의 공법상의 행위로서 특정 사항에 대하여 법규에 의한 권리의 설정 또는 의무의 부담을 명하거나 기타 법률상의 효과를 직접 발생하게 하는 등 국민의 권리의무에 직접 관계가 있는 행위를 말한다.[19]

#### (2) 사안의 경우

그 신청한 행위인 ○○은 권리의 설정을 명하므로(또는 의무의 부담을 명하므로 또는 기타 법률상의 효과를 직접 발생하게 하므로) 국민의 권리의무에 직접 관계가 있는 행위이어서 취소소송의 대상이 되는 처분이다.

### 3. 그 국민에게 ○○의 발동을 요구할 법규상 또는 조리상의 신청권이 있는지 여부

#### (1) 학설

법규상 또는 조리상의 신청권은 대상적격의 문제라는 대상적격설, 원고적격의 문제라는 원고적격설, 본안의 문제로 보는 본안문제설 등이 있다.

#### (2) 판례

신청권이 있는지 여부는 구체적 사건에서 신청인이 누구인가를 고려하지 않고 관계법규의 해석에 의하여 국민에게 그러한 신청권을 인정하고 있는가를 살펴 추상적으로 결정되는 것이다.[20] 따라서 그 신청의 근거가 된 조항의 명문규정상 행정발동에 대한 개인의 신청권을 인정하고 있다거나 그 명문규정이 없더라도 법률의 해석상 출원을 전제로 하는 처분이라면 법규상 신청권이 있다고 본다. 그러한 법규상 신청권이 없는 경우에도 처분청의 처분예고, 그

---

18) 대판 2011.9.29, 2010두26339 〈두문자암기 : 그신/그거/그국〉

19) 대판 2015.12.10, 2011두32515 〈두문자암기 : 행/공/특/법/권/의/기〉

20) 대판 2011.10.13, 2008두17905 판례는 신청「권」이라는 용어를 사용하면서도 신청인의 권리 차원에서 절대로 접근하지 않고, 신청의 대상이 된 처분이 신청이 있어야만 나오는 것이라는 처분의 성질 차원에서 접근한다는 것을 반드시 기억한다. 그렇지 않으면 자꾸만 신청권을 권리개념으로 접근하는 원고적격설과 유사한 방향으로 답안을 작성하게 된다. 판례로 접근하면서 권리 측면으로 접근하면 논리모순이 발생하므로 주의를 요한다. 〈두문자암기 : 신구신고,관국추결〉

처분에 대한 출원공고, 그 처분의 처리기준이 설정·공표된 경우와 학교용지부담금감면처분에는 개발이익환수제도의 취지상 조리상 신청권을 인정한다. 더 나아가 폐기물처리업적정통보 후 형질변경처분에 대해서는 그 거부가 폐기물처리업의 거부로 귀결되므로 법규상 또는 조리상 신청권을 인정하였고, 도시계획결정지구 내의 토지소유자가 신청한 계획변경 또는 취소처분에 대해서는 도시계획법상의 계획입안제안규정과 입안제안에 대한 처리결과통보의무 규정, 그리고 헌법상 재산권 보장의 취지상 법규상 또는 조리상 신청권을 인정한다.

### (3) 검토

행정소송법상 의무이행소송이 인정되지 않는 점, 문언상 공권력의 행사 또는 그 거부이므로 공권력의 행사인 작위와 거부인 부작위는 동가치성을 가져야 한다는 점에서 신청권은 대상적격단계에서 검토해야 한다는 대상적격설과 판례가 타당하다.

### (4) 사안의 경우

## 4. 소결

○○의 거부는 취소소송의 대상이 되는 거부처분이다.

### Ⅲ 설문의 해결

○○의 거부는 동법 제19조와 동법 제2조 제1항 제1호에 의하여 취소소송의 대상이 되는 거부처분이다.

## type 3-2 취소소송의 대상이 되는 거부처분 : 행정청이 행하는 구체적 사실에 관한 법집행으로서의 그 거부(수리를 요하는 신고에 대한 수리거부[21])

### Ⅰ 문제의 소재

행정소송법(이하 동법이라 함) 제19조와 동법 제2조 제1항 제1호에 의하면 취소소송의 대상이 되는 처분이란 행정청이 행하는 구체적 사실에 관한 법집행으로서의 공권력의 행사 또는 그 거부와 그밖에 이에 준하는 행정작용을 말한다. 을이 갑에 대하여 행한 ○○의 신고에 대한 반려행위는 행정청이 행하는 구체적 사실에 관한 법집행이다. 이와 관련하여 ○○의 신고에 대한 반려행위가 취소소송의 대상이 되는 거부처분인지 문제된다.

### Ⅱ ○○의 신고에 대한 반려행위가 취소소송의 대상이 되는 거부처분인지 여부

## 1. 문제의 소재

판례에 의하면 거부가 취소소송의 대상이 되는 거부처분이 되려면, 그 신청한 행위가 처분이어야 하고, 그 거부행위가 신청인의 법률관계에 어떤 변동을 일으키는 것이어야 하며, 그 국민에게 그 행위발동을 요구할 법규상 또는 조리상의 신청권이 있어야 한다. 또한 신청권이 있는 처분에 대한

---

21) 신고의 의의로부터 성급하게 답안작성을 하지 않도록 한다. 문제로부터 어떤 상황에서 문제가 출제되고 있는지를 보여주어야 한다. 신고에 관한 대부분의 문제는 신고의 수리거부상황임을 기억한다. 그렇다면 당연히 '신고의 수리거부가 그 거부로서 거부처분일 수 있을까?가 문제이지 않을까?

거부행위는 신청인의 법적 상태에 변동을 초래한다. ○○법 제○○조 제○○항에 의하여 신고하여야 한다는 점에서 그 국민에게 그 수리행위의 발동을 요구할 법규상 신청권이 있다. 이와 관련하여 그 신청한 행위인 ○○의 신고에 대한 수리가 취소소송의 대상이 되는 처분인지 문제된다.

## 2. 그 신청한 행위인 ○○의 신고에 대한 수리가 취소소송의 대상이 되는 처분인지 여부

### (1) 문제의 소재

사인의 공법행위인 신고에는 자체완성적 신고와 수리요건적 신고가 있다. 수리요건적 신고의 수리가 취소소송의 대상이 되는 처분이다. 그 신청한 행위인 ○○의 신고에 대한 수리가 취소소송의 대상이 되는 처분인지와 관련하여 ○○의 신고가 자체완성적 신고인지 수리요건적 신고인지 문제된다.

### (2) ○○의 신고가 자체완성적 신고인지 수리요건적 신고인지 여부

#### 1) 판례

개별법령이 등록과 신고로 구별되어 규정된 경우에는 등록은 수리요건적 신고이고, 신고는 자체완성적 신고이다. 개별법령이 신고로 일의적으로 규정된 경우에는 문언의 합리적이고도 유기적인 해석상 형식적 심사요건에 그치면 자체완성적 신고이고, 실질적 심사요건까지 나아가면 수리요건적 신고이다.[22]

#### 2) 사안의 경우

○○의 신고는 개별법령의 문언의 합리적이고도 유기적인 해석상 실질적 심사요건까지 나아가므로 수리요건적 신고이다.

### (3) 소결

그 신청한 행위인 ○○의 신고에 대한 수리는 준법률행위적 행정행위로서 수리이므로 취소소송의 대상이 되는 처분이다.

## 3. 소결

○○의 신고에 대한 반려행위는 취소소송의 대상이 되는 거부처분이다.

## Ⅲ 설문의 해결

○○의 신고에 대한 반려행위는 동법 제19조와 동법 제2조 제1항 제1호에 의하여 취소소송의 대상이 되는 거부처분이다.

---

### type 4-1 취소소송의 대상이 되는 행정청의 행위 : 자체완성적 신고의 반려행위(수리거부처분이 아닌 수리반려행위)

## Ⅰ 문제의 소재

행정소송법(이하 동법이라 함) 제19조와 동법 제2조 제1항 제1호에 의하면 취소소송의 대상이

---

22) 〈두문자암기 : 개별등신,등수신자/문합유해,형자실수〉

되는 처분이란 행정청이 행하는 구체적 사실에 관한 법집행으로서의 공권력의 행사 또는 그 거부와 그밖에 이에 준하는 행정작용을 말한다. 이와 관련하여 첫째, 을이 갑에 대하여 행한 ○○의 신고에 대한 반려행위가 취소소송의 대상이 되는 거부처분인지 문제된다. 둘째, ○○의 신고에 대한 반려행위가 취소소송의 대상이 되는 행정청의 행위인지 문제된다.

## Ⅱ 을이 갑에 대하여 행한 ○○의 신고에 대한 반려행위가 취소소송의 대상이 되는 거부처분인지 여부

### 1. 판례

거부가 취소소송의 대상이 되는 거부처분이 되려면, 그 신청한 행위가 처분이어야 하고, 그 거부행위가 신청인의 법률관계에 어떤 변동을 일으키는 것이어야 하며, 그 국민에게 그 행위발동을 요구할 법규상 또는 조리상의 신청권이 있어야 한다. 또한 신청권이 있는 처분에 대한 거부행위는 신청인의 법적 상태에 변동을 초래한다.

### 2. 사안의 경우

그 신청한 행위인 ○○의 신고에 대한 수리는 자체완성적 신고에 대한 수리행위이므로 사실행위어서 취소소송의 대상이 되는 처분이 아니다. 을이 갑에 대하여 행한 ○○의 신고에 대한 반려행위는 취소소송의 대상이 되는 거부처분이 아니다.

## Ⅲ ○○의 신고에 대한 반려행위가 취소소송의 대상이 되는 행정청의 행위인지 여부

### 1. 학설

자체완성적 신고는 수리에 의하여 법적 효과를 발생하는 것이 아니므로 자체완성적 신고에 대한 수리거부는 처분이 아니라는 견해와 자체완성적 신고 중 금지해제의 의미를 갖는 자체완성적 신고의 수리행위는 처분이 아니지만 그 수리거부행위는 그로 인하여 형사처벌이나 과태료 등 제재를 받을 위험성을 발생시키므로 처분이라는 견해가 있다.

### 2. 판례

행정청의 행위가 항고소송의 대상이 될 수 있는지는 추상적·일반적으로 결정할 수 없고, 구체적인 경우에 ① 관련 법령의 내용과 취지, ② 그 행위의 주체·내용·형식·절차, ③ 그 행위와 상대방 등 이해관계인이 입는 불이익 사이의 실질적 견련성, ④ 법치행정의 원리와 ⑤ 그 행위에 관련한 행정청이나 이해관계인의 태도 등을 종합적으로 고려하여 개별적으로 판단하여야 한다.

### 3. 검토

자체완성적 신고는 그 수리거부행위로 인한 법적 불안이 없다면 당연히 처분이 아니나, 자체완성적 신고임에도 그 수리거부행위로 인하여 어떤 법적 불안이 있다면 이는 단순한 거부행위가 아니라 적극적으로 신청인인 갑의 법률관계에 어떤 변동을 일으키는 것으로 보아야 할 것이므로 취소소송의 대상이 되는 행정청의 행위로 볼 수 있다는 판례가 타당하다.[23]

---

23) 건축주 등은 신고제하에서도 건축신고가 반려될 경우 당해 건축물의 건축을 개시하면 시정명령, 이행강제금,

## 4. 사안의 경우

건축법의 내용과 취지, 그 건축신고수리거부행위의 주체·내용·절차·형식적 측면에서의 일방성, 건축신고수리거부행위와 이해관계인에게 건축법 제79조 제1항의 시정명령, 건축법 제79조 제2항의 허가거부의 우려, 건축법 제80조 제1항의 이행강제금의 부과, 건축법 제111조 제1호의 벌금에 처해질 수 있다는 불이익 사이의 실질적 견련성, 취소소송의 제기가 분쟁의 조기해소에 유효·적절한 수단이라는 측면에서 법치행정의 원리상 ○○신고에 대한 반려행위는 취소소송의 대상이 되는 행정청의 행위이다.

## Ⅳ 설문의 해결

○○의 신고에 대한 반려행위는 취소소송의 대상이 되는 행정청의 행위로서 수리반려(혹은 수리제외)처분이므로 ○○의 신고에 대한 반려행위는 취소소송의 대상이다.

---

**type 4-2** 취소소송의 대상이 되는 행정청의 행위 : 경원자관계에 서지 않는 제3자가 제기하는 자신에 대한 수익적 처분의 거부[거부처분이 아닌 제외처분]

## Ⅰ 문제의 소재

행정소송법(이하 동법이라 함) 제19조와 동법 제2조 제1항 제1호에 의하면 취소소송의 대상이 되는 처분이란 행정청이 행하는 구체적 사실에 관한 법집행으로서의 공권력의 행사 또는 그 거부와 그밖에 이에 준하는 행정작용을 말한다. 갑과 을은 경원자관계에 서지 아니하므로 을에 대한 총장임용제청행위에 대하여 제3자인 갑은 취소소송의 원고적격이 인정되지 않고, 갑 자신에 대한 총장임용제청거부는 최종적 처분성이 없으므로 거부처분이 아니다. 이와 관련하여 갑에 대한 총장임용제청거부가 취소소송의 대상이 되는 행정청의 행위인지 문제된다.

## Ⅱ 갑에 대한 총장임용제청거부가 취소소송의 대상이 되는 행정청의 행위인지 여부

### 1. 판례

행정청의 행위가 항고소송의 대상이 될 수 있는지는 추상적·일반적으로 결정할 수 없고, 구체적인 경우에 ① 관련 법령의 내용과 취지, ② 그 행위의 주체·내용·형식·절차, ③ 그 행위와 상대방 등 이해관계인이 입는 불이익 사이의 실질적 견련성, ④ 법치행정의 원리와 ⑤ 그 행위에 관련한 행정청이나 이해관계인의 태도 등을 종합적으로 고려하여 개별적으로 판단하여야 한다.

---

벌금의 대상이 되거나 당해 건축물을 사용하여 행할 행위의 허가가 거부될 우려가 있어 불안정한 지위에 놓이게 된다. 따라서 건축신고 반려행위가 이루어진 단계에서 당사자로 하여금 반려행위의 적법성을 다투어 그 법적 불안을 해소한 다음 건축행위에 나아가도록 함으로써 장차 있을지도 모르는 위험에서 미리 벗어날 수 있도록 길을 열어 주고, 위법한 건축물의 양산과 그 철거를 둘러싼 분쟁을 조기에 근본적으로 해결할 수 있게 하는 것이 법치행정의 원리에 부합한다. 그러므로 건축신고 반려행위는 항고소송의 대상이 된다.

## 2. 사안의 경우

교육부장관이 을만을 총장임용후보자로 제청한 행위는 ① 관련법률인 교육공무원법의 내용과 취지,[24] ② 그 임용제청행위의 주체·내용·형식·절차적인 측면의 일방성,[25] ③ 대학의 추천을 받은 총장후보자에 대한 미임용제청과 교육부장관으로부터 정당한 심사를 받을 것이라는 기대를 하는 그 후보자가 입는 대통령으로부터 임용을 받을 기회의 박탈이라는 불이익 사이의 실질적 견련성, ④ 취소소송의 제기가 분쟁의 조기해소에 유효·적절한 수단이라는 측면에서 법치행정의 원리상 취소소송의 대상이 되는 행정청의 행위이다. 교육부장관이 을만을 임용제청한 행위는 갑에 대한 총장임용제청제외처분이다.

## Ⅲ 설문의 해결

교육부장관이 을만을 임용제청한 행위는 갑에 대한 총장임용제청거부처분이 아니라 총장임용제청제외처분으로서 취소소송의 대상이 된다.

---

## type 4-3 취소소송의 대상이 되는 행정청의 행위 : 비권력적 사실행위

### Ⅰ 문제의 소재

행정소송법(이하 동법이라 함) 제19조와 동법 제2조 제1항 제1호에 의하면 취소소송의 대상이 되는 처분이란 행정청이 행하는 구체적 사실에 관한 법집행으로서의 공권력의 행사 또는 그 거부와 그밖에 이에 준하는 행정작용을 말한다. 병무청장은 병역의무 기피자의 인적사항 등을 인터넷 홈페이지에 게시하는 등의 방법으로 공개하였다. 병무청장의 병역기피자명단공개는 병역법 제81조의2 제1항에 따른 행위이므로 행정청이 행하는 구체적 사실에 관한 법집행이다. 이와 관련하여 첫째, 병무청장의 병역기피자명단공개가 취소소송의 대상이 되는 처분인지 문제된다. 둘째, 병무청장의 병역기피자명단공개가 취소소송의 대상이 되는 행정청의 행위인지 문제된다.

### Ⅱ 병무청장의 병역기피자명단공개가 취소소송의 대상이 되는 처분인지 여부

#### 1. 판례

취소소송의 대상이 되는 처분은 원칙적으로 행정청의 공법상의 행위로서 특정 사항에 대하여 법규에 의한 권리의 설정 또는 의무의 부담을 명하거나 기타 법률상의 효과를 직접 발생하게 하는 등 국민의 권리의무에 직접 관계가 있는 행위를 말한다.

---

24) 대학의 자율성과 대통령의 실질적인 임용권 행사를 조화시키기 위한 대학의 장 임용에 관하여 교육부장관의 임용제청권을 인정한 내용과 취지

25) 대통령의 임용권 행사가 적정하게 이루어질 수 있도록 하기 위한 대학의 추천과 총장후보자들의 적격성을 일차적으로 심사하는 일방성

## 2. 사안의 경우

병무청장의 병역기피자명단공개는 사실행위이다. 병역기피자명단공개는 공개 대상자의 신체·재산에 대한 강제적인 물리력의 행사가 아니므로 국민의 권리의무에 직접 관계가 있는 행위가 아니어서 취소소송의 대상이 되는 처분이 아니다. 이는 비권력적 사실행위이다.

## Ⅲ 병무청장의 병역기피자명단공개가 취소소송의 대상이 되는 행정청의 행위인지 여부

### 1. 판례

행정청의 행위가 항고소송의 대상이 될 수 있는지는 추상적·일반적으로 결정할 수 없고, 구체적인 경우에 ① 관련 법령의 내용과 취지, ② 그 행위의 주체·내용·형식·절차, ③ 그 행위와 상대방 등 이해관계인이 입는 불이익 사이의 실질적 견련성, ④ 법치행정의 원리와 ⑤ 그 행위에 관련한 행정청이나 이해관계인의 태도 등을 종합적으로 고려하여 개별적으로 판단하여야 한다.

### 2. 사안의 경우

관련법률인 병역법의 내용과 취지, 병무청 인터넷 홈페이지에 공개 대상자의 인적사항 등 게시와 공개 대상자의 명예훼손이라는 불이익 사이의 실질적 견련성, 취소소송의 제기가 분쟁의 조기해소에 유효·적절한 수단이라는 측면[26]에서 법치행정의 원리상 취소소송의 대상이 되는 행정청의 행위로 보아야 한다.

## Ⅳ 설문의 해결

병무청장이 병역법 제81조의2 제1항에 따라 병역의무 기피자의 인적사항 등을 인터넷 홈페이지에 게시하는 등의 방법으로 공개한 경우 병무청장의 공개결정은 취소소송의 대상이 된다.

---

**제2항** 취소소송의 대상 - 처분문서가 2개(일원설에 기초한 판례의 태도를 중심으로)

**type 5-1** 수익적 처분문서와 수익적 처분 취소인용재결문서가 있는 경우

### Ⅰ 문제의 소재

행정소송법(이하 동법이라 함) 제19조에 의하면 취소소송은 처분 등을 대상으로 한다. 다만, 재결취소소송의 경우에는 재결 자체에 고유한 위법이 있음을 이유로 하는 경우에 한한다.

---

26) 병무청장이 인터넷 홈페이지 등에 게시하는 사실행위를 함으로써 공개 대상자의 인적사항 등이 이미 공개되었더라도, 재판에서 병무청장의 공개결정이 위법함이 확인되어 취소판결이 선고되는 경우 병무청장은 취소판결의 기속력에 따라 위법한 결과를 제거하는 조치를 할 의무가 있으므로 공개 대상자의 실효적 권리구제를 위해 병무청장의 공개결정을 행정처분으로 인정할 필요성이 있는데, 만약 병무청장의 공개결정을 항고소송의 대상이 되는 처분으로 보지 않는다면 국가배상청구 외에는 침해된 권리 또는 법률상 이익을 구제받을 적절한 방법이 없다는 점에서 취소소송의 제기가 분쟁의 조기해소에 유효·적절한 수단이라고 쓴다.

제3자인 을이 제기한 수익적 처분취소심판에서 취소인용재결이 나왔고, 이에 수익적 처분의 직접상대방인 갑은 취소소송을 제기하고자 한다. 이와 관련하여 첫째, 갑[27]이 제기하는 취소소송의 대상이 문제된다. 둘째, 갑이 제기하는 취소인용재결취소소송이 동법 제19조 본문소송인지 동법 제19조 단서소송인지 문제된다. 셋째, 갑이 제기하는 취소인용재결취소소송이 재결 자체에 고유한 위법이 있음을 이유로 하는 경우에 해당하는지 문제된다.

## Ⅱ 갑이 제기하는 취소소송의 대상

원처분은 수익적 처분이므로 직접 상대방인 갑은 취소소송으로 다툴 수 없고, 을에 대한 취소인용재결 후 처분청이 수익적 처분의 직접 상대방인 갑에게 허가처분을 취소한다는 취소통지는 갑에게 취소인용재결로 인해 수익적 처분이 취소·소멸되었음을 확인시켜주는 의미의 단순한 사실의 통지에 불과하다. 수익적 처분의 직접 상대방인 갑은 취소인용재결로 인하여 직접 불이익한 효과를 받게 되므로 취소인용재결을 대상으로 다툴 수밖에 없다.[28]

## Ⅲ 갑이 제기하는 취소인용재결취소소송이 동법 제19조 본문소송인지 동법 제19조 단서소송인지 여부

### 1. 학설

원처분인 시외버스 운송사업면허처분이 있으므로 재결이 소의 대상이 되는 것이어서 동법 제19조 단서소송이라는 견해와 당해 취소인용재결은 그 성질상 제3자와의 관계에서는 최초처분이 되는 것이므로 동법 제19조 본문소송이라는 견해가 있다.

### 2. 판례

원처분의 상대방이 아닌 제3자가 행정심판을 청구하여 재결청이 원처분을 취소하는 형성재결을 한 경우에 그 원처분의 상대방은 그 재결에 대하여 항고소송을 제기할 수밖에 없다.[29]

### 3. 검토

취소인용재결은 원처분에 대한 복심적 쟁송의 결과인 재결이므로 그 재결을 대상으로 제기하여야 한다는 점에서 동법 제19조 단서소송이라는 견해와 판례가 타당하다.

### 4. 사안의 경우

갑이 제기하는 취소인용재결취소소송은 동법 제19조 단서소송이다.

---

27) 수익적 처분으로 인하여 침익적 효과를 받는 제3자가 제기한 취소심판에서 인용재결이 나온 경우 수익적 처분의 직접 상대방이다.
28) 대판 1998.4.24, 97누17131
29) 대판 1998.4.24, 97누17131

### Ⅳ 갑이 제기하는 취소인용재결취소소송이 재결 자체에 고유한 위법이 있음을 이유로 하는 경우에 해당하는지 여부

#### 1. 문제의 소재

권한이 없는 기관이 재결하거나 행정심판위원회의 구성원에 결격자가 있다거나 정족수 흠결 등의 사유가 있는 경우는 주체의 위법으로 재결 자체에 고유한 위법이다. 행정심판법상의 심판절차를 준수하지 않은 경우는 절차의 위법으로 재결 자체에 고유한 위법이다. 구두로 한 재결이나 서면에 의하더라도 행정심판법 제46조 제2항 소정의 주요기재 사항이 누락되거나 이유 기재에 중대한 흠이 있는 경우 등은 형식의 위법으로 재결 자체에 고유한 위법이다. 이와 관련하여 행정심판법상의 위반이 아닌 내용의 위법[30]이 재결 자체에 고유한 위법인지 문제된다.

#### 2. 행정심판법상의 위반이 아닌 내용의 위법이 재결 자체에 고유한 위법인지 여부

##### (1) 학설

내용의 위법은 행정심판법상의 위반이 아니므로 재결 자체에 고유한 위법에 포함되지 않는다는 견해와 재결 자체에 고유한 위법에 포함된다는 견해의 대립이 있다.

##### (2) 판례

행정소송법 제19조에서 말하는 재결 자체에 고유한 위법이란 원처분에는 없고 재결에만 있는 재결청의 권한 또는 구성의 위법, 재결의 절차나 형식의 위법, 내용의 위법 등을 뜻하고, 그 중 내용의 위법에는 위법·부당하게 인용재결을 한 경우가 해당한다.[31]

##### (3) 검토

취소인용재결의 내용의 위법은 원처분인 수익적 처분의 내용과 다른 것이어서 원처분에는 없고 재결에만 있는 위법이므로 재결 자체에 고유한 위법이라는 견해와 판례가 타당하다.

##### (4) 사안의 경우

취소인용재결에 대하여 갑이 제기하는 취소소송은 원처분인 ○○처분의 내용과 다른 ○○처분취소인용재결의 내용의 위법을 다투는 것이므로 이는 원처분에는 없고 재결에만 있는 재결 자체에 고유한 위법이다. 행정심판법상의 위반이 아닌 내용의 위법은 재결 자체에 고유한 위법이다.

#### 3. 소결

갑이 제기하는 취소인용재결취소소송은 재결 자체에 고유한 위법이 있음을 이유로 하는 경우에 해당한다.

### Ⅴ 설문의 해결

갑은 ○○처분취소인용재결에 대하여 취소소송을 제기할 수 있다.

---

30) 내용의 위법은 처분의 근거법 위반이다.

31) 대판 1997.9.12, 96누14661

PART
02

## type 5-2 침익적 처분문서와 일부인용재결 또는 적극적 변경재결문서가 있는 경우

### Ⅰ 문제의 소재

취소소송의 제기가 가능하려면 취소소송요건을 충족하여야 한다. ○○처분에 대하여 일부인용 재결이 나왔다. 이와 관련하여 첫째, 취소소송의 대상이 ○○처분인지 일부인용재결인지 문제된 다. 둘째, 갑의 소제기가 취소소송의 제소기간요건을 충족하는지 문제된다.

### Ⅱ 취소소송의 대상이 ○○처분인지 일부인용재결인지 여부[32]

#### 1. 학설

일부인용재결이 나온 경우 행정소송법 제19조와 관련하여 일부인용재결의 내용상 하자는 재결 자체에 고유한 위법이 아니므로 원처분주의의 원칙상 재결에 의하여 일부취소되고 남은 원처분이 취소소송의 대상이라는 견해, 일부인용재결은 원처분을 대체하는 처분이므로 일부인용재결만이 취소소송의 대상이라는 견해가 있다.

#### 2. 판례

행정청이 식품위생법령에 따라 영업자에게 행정제재처분을 한 후 변경(명령)재결에 따라 그 처분 을 영업자에게 유리하게 변경하는 처분을 한 경우, 변경처분에 의하여 유리하게 변경된 내용의 행정제재가 위법하다 하여 그 취소를 구하는 경우 그 취소소송의 대상은 취소되지 않고 남은 원 처분(변경된 내용의 당초처분)이지 변경처분은 아니다.[33]

#### 3. 검토

일부인용재결은 인용받은 부분은 그 형성력으로 인하여 처분의 효과가 소멸하여 취소소송으로 다툴 수 없고, 인용되지 않은 부분은 원처분과 내용을 같이 하므로 재결 자체에 고유한 위법이 아니라는 점에서 일부인용재결에 의해 취소되지 않고 남은 원처분(변경된 내용의 당초처분)을 대 상으로 해야 한다는 견해와 판례가 타당하다.

#### 4. 사안의 경우

○○. ○○. ○○자[34]로 발령된 ○○처[35]이 취소소송의 대상이다.

---

32) 일부인용재결이 있음에도 불구하고 여전히 해당 처분에 대해 불복하는 경우이다. 재결의 불이익변경금지원칙 때문에 당연히 일부가 취소된 재결이 된다. 이 문제는 침익적 처분의 직접 상대방이 일부인용재결을 받은 경우 이므로 침익적 효과를 받는 제3자가 인용재결을 받아 수익적 처분의 직접 상대방이 제기하는 인용재결에 대한 취소소송과 혼동하지 않아야 한다.

33) 대판 2007.4.27, 2004두9302 〈두문자암기 : 영유변처/변유변내/변내당〉

34) 원처분일자

35) 일부인용처분명

### Ⅲ 갑의 소제기가 취소소송의 제소기간요건을 충족하는지 여부

#### 1. 취소소송의 제소기간

행정소송법 제20조에 의하면 취소소송은 처분 등이 있음을 안 날부터 또는 행정심판청구가 있은 때의 기간은 재결서의 정본을 송달받은 날부터 90일 이내에 제기하여야 하고, 처분 등이 있은 날부터 또는 재결이 있은 날부터 1년을 경과하면 이를 제기하지 못한다.

#### 2. 사안의 경우

갑의 취소소송의 제기는 원처분이 있음을 안 날로부터 90일을 경과하였으나, 재결을 거쳤으므로 재결서의 정본을 송달받은 날로부터 90일 이내이면 가능하다. 갑의 취소소송의 제기는 취소소송의 제소기간요건을 충족한다.

### Ⅳ 설문의 해결

갑의 취소소송의 제기는 가능하다.

---

### type 6-1 국세과세처분문서와 국세경정처분문서가 있는 경우

### Ⅰ 문제의 소재

행정소송법 제19조에 의하면 취소소송은 처분 등을 그 대상으로 한다. 국세기본법 제22조의3에 의하면 세법에 따라 당초 확정된 세액을 증가시키는 경정은 당초 확정된 세액에 관한 이 법 또는 세법에서 규정하는 권리·의무관계에 영향을 미치지 아니하며, 세법에 따라 당초 확정된 세액을 감소시키는 경정은 그 경정으로 감소되는 세액 외의 세액에 관한 이 법 또는 세법에서 규정하는 권리·의무관계에 영향을 미치지 아니한다. 이와 관련하여 첫째, 당초처분과 경정처분이 있는 경우 취소소송의 대상이 문제된다. 둘째, 갑의 제소가 취소소송의 제소기간요건을 충족하는지 문제된다.

### Ⅱ 당초처분과 경정처분이 있는 경우 취소소송의 대상

#### 1. 학설과 판례

학설에는 병존설, 흡수설, 병존적 흡수설, 역흡수설, 역흡수병존설 등이 있으나, 판례에 의하면 과세관청이 과세처분을 한 뒤에 과세표준과 세액에 오류 또는 탈루가 있음을 발견하여 이를 경정하는 처분을 한 경우에,[36] 그것이 감액경정인 때에는 처음의 과세처분에서 결정된 과세표준과 세액의 일부를 취소하는 데에 지나지 않으므로 처음의 과세처분이 감액된 범위 내에서 존속하게 되고[37] 이 처분만이 쟁송의 대상이 되며 경정처분 자체는 쟁송의 대상이 될 수 없는 반면, 증액경정인 때에는 처음의 과세표준과 세액을 포함하여 전체로서 증액된 과세표준과 세액을 다시 결정

---

36) 〈두문자암기 : 과과과/오탈경〉
37) 〈두문자암기 : 감일감존〉

하는 것이므로[38) 처음의 과세처분은 뒤의 증액경정처분의 일부로 흡수되어 독립된 존재가치를 상실하여 소멸하고[39) 오직 증액경정처분만이 쟁송의 대상이 된다.[40)41)

## 2. 검토 및 사안의 경우

감액경정의 경우 행정소송법 제19조의 원처분중심주의에 비추어, 증액경정의 경우 처음의 과세처분은 실질적으로 사전결정인 점에 비추어 판례가 타당하다. 감액경정인 때에는 감액된 범위 내에서 존속하는 처음의 과세처분이 취소소송의 대상이며, 증액경정인 때에는 증액경정처분만이 쟁송의 대상이 된다.

## Ⅲ 갑의 제소가 취소소송의 제소기간요건을 충족하는지 여부

### 1. 취소소송의 제소기간요건

행정소송법 제20조 제1항과 제2항에 의하면 취소소송은 처분 등이 있음을 안 날부터 90일 이내에 제기하여야 하고, 처분 등이 있은 날부터 1년을 경과하면 이를 제기하지 못한다. 다만, 정당한 사유가 있는 때에는 그러하지 아니하다.

### 2. 사안의 경우

감액처분의 경우 항고소송의 대상은 처음의 부과처분 중 감액처분에 의하여 취소되지 않고 남은 부분이므로 감액되고 남은 원처분 발령시가 제소기간의 기산점이고, 증액처분의 경우 증액처분 발령시가 제소기간의 기산점이다. 갑은 국세심판의 필수적 전치를 거치게 되었으므로 재결서 정본을 받은 날로부터 90일 내이므로 갑의 제소는 취소소송의 제소기간요건을 충족한다.

## Ⅳ 설문의 해결

감액경정인 때에는 감액된 범위 내에서 존속하는 처음의 과세처분이 취소소송의 대상이며, 증액경정인 때에는 증액경정처분만이 쟁송의 대상이 된다. 갑은 국세심판의 필수적 전치를 거치게 되었으므로 재결서 정본을 받은 날로부터 90일 내이므로 갑의 제소는 취소소송의 제소기간요건을 충족한다.

---

38) 〈두문자암기 : 증포다결〉

39) 〈두문자암기 : 건흡독상〉

40) 대판 1984.12.11, 84누225

41) 대판 2013.4.18, 2010두11733 전합판결 '다시 결정이 곧 새로운 재처분이다.'

※ 참고 : "세법의 규정에 의하여 당초 확정된 세액을 증가시키는 경정은 당초 확정된 세액에 관한 이 법 또는 세법에서 규정하는 권리·의무관계에 영향을 미치지 아니한다."라고 규정하고 있다. 증액경정처분이 있는 경우에 당초 신고나 결정은 증액경정처분에 흡수됨으로써 독립한 존재가치를 잃게 되므로, 원칙적으로는 증액경정처분만이 항고소송의 심판대상이 되고 납세자는 그 항고소송에서 당초 신고나 결정에 대한 위법사유도 함께 주장할 수 있다. 그렇지만 위 규정의 문언과 아울러, 위 규정의 입법 취지가 증액경정처분이 있더라도 불복기간이나 경정청구기간의 경과 등으로 더 이상 다툴 수 없게 된 당초 신고나 결정에서의 세액에 대하여 불복을 제한하려는 것에 있음에 비추어 보면, 불복기간이나 경정청구기간의 도과로 더 이상 다툴 수 없게 된 세액에 관하여는 그 취소를 구할 수 없고, 증액경정처분에 의하여 증액된 세액의 범위 내에서만 취소를 구할 수 있다고 할 것이다(대판 2009.5.14, 2006두17390). 이 부분으로 출제할 가능성이 있으니 기억하기 바란다.

## type 6-2 제1차 영업제한처분문서와 제2차 영업제한처분문서가 있는 경우

### [I] 문제의 소재

행정소송법(이하 동법이라 함) 제19조에 의하면, 취소소송은 처분 등을 대상으로 한다. 제1차 영업제한처분의 취소소송계속 중 제1차 영업제한처분의 내용의 일부를 변경하는 제2차 영업제한처분이 발령되었다. 이와 관련하여 제1차 영업제한처분이 소멸되어 제2차 영업제한처분이 취소소송의 대상이 되는지 문제된다.

### [II] 제1차 영업제한처분이 소멸되어 제2차 영업제한처분이 취소소송의 대상이 되는지 여부

#### 1. 판례

기존의 행정처분을 변경하는 내용의 행정처분이 뒤따르는 경우, 후속처분이 종전처분을 완전히 대체하는 것이거나 주요 부분을 실질적으로 변경하는 내용인 경우에는 특별한 사정이 없는 한 종전처분은 효력을 상실하고 후속처분만이 취소소송의 대상이 되지만, 후속처분의 내용이 종전처분의 유효를 전제로 그 내용 중 일부만을 추가·철회·변경하는 것이고 추가·철회·변경된 부분이 그 내용과 성질상 나머지 부분과 불가분적인 것이 아닌 경우에는, 후속처분에도 불구하고 종전처분이 여전히 취소소송의 대상이 된다.[42]

#### 2. 사안의 경우

제2차 영업제한처분은 제1차 영업제한처분 중 의무휴업일 지정부분은 그대로 유지하면서 영업시간 제한부분만을 추가하고 있다. 의무휴업시간이 추가된 제2차 영업제한처분은 제1차 영업제한처분의 내용과 성질상 불가분적인 것이 아니라고 볼 것이므로 제2차 영업제한처분이 제1차 영업제한처분을 완전히 대체하는 것이거나 주요 부분을 실질적으로 변경하는 내용으로 엿보이지 않는다. 제2차 영업제한처분으로 제1차 영업제한처분이 소멸하였다고 볼 수 없고, 제1차 영업제한처분의 유효를 전제로 한 제2차 영업제한처분이 병존하면서 그 규제내용을 형성한다고 보아야 할 것이다. 제2차 영업제한처분이 있더라도 제1차 영업제한처분은 소멸되지 않고 취소소송의 대상이 된다.

### [III] 설문의 해결

여전히 유효한 제1차 영업제한처분도 취소소송의 대상이 되므로 제2차 영업제한처분으로 소변경을 하지 않고 소송계속 중인 제1차 영업제한처분취소소송에 제2차 영업제한처분취소소송을 추가적으로 병합하게 될 것이다.

## type 6-3 사전결정과 종국결정이 있는 경우, 부분허가와 최종허가가 있는 경우

### [I] 문제의 소재

행정소송법(이하 동법이라 함) 제19조에 의하면, 취소소송은 처분 등을 대상으로 한다. 부지사전승인의 취소를 구하는 소송계속 중에 원자로건설허가가 발령되었다. 이와 관련하여 첫째, 부지

---

42) 대판 2015.11.19, 2015두295 전합판결 〈두문자암기 : 후종완대/주실변/특사,종효후취/후종유일,추철변,추성불종취〉

사전승인과 원자로건설허가가 취소소송의 대상이 되는 처분인지 문제된다. 둘째, 원자로건설허가 이후에도 부지사전승인처분에 대해 불복할 수 있는지 문제된다.

## Ⅱ 부지사전승인과 원자로건설허가가 취소소송의 대상이 되는 처분인지 여부

### 1. 판례

취소소송의 대상이 되는 행정처분이라 함은 원칙적으로 행정청의 공법상 행위로서 특정 사항에 대하여 법규에 의한 권리의 설정 또는 의무의 부담을 명하거나 기타 법률상 효과를 발생하게 하는 등으로 일반 국민의 권리의무에 직접 영향을 미치는 행위를 말한다.

### 2. 사안의 경우

부지사전승인은 원자력안전법 제10조 제3항의 원자로건설허가의 전단계로 행해지는 행정작용으로서 원자력안전법 제10조 제4항과 원자력안전법 시행규칙 제7조 제1항에 의하여 건설부지에 기초굴착공사를 할 수 있는 법률효과를 가져 오는 부분허가이다. 이는 사전적 부분건설허가처분이다. 원자로건설허가는 독점적으로 원자로건설부지에 원자로를 건설할 수 있는 효과를 부여하므로 강학상 특허로서 종국적 건설허가처분이다. 따라서 부지사전승인과 원자로건설허가는 행정소송법(이하 동법이라 함) 제19조와 동법 제2조 제1항 제1호에 의하여 취소소송의 대상이다.

## Ⅲ 원자로건설허가 이후에도 부지사전승인처분에 대해 불복할 수 있는지 여부

### 1. 원자로건설허가와 부지사전승인처분의 관계

원자로 및 관계시설의 부지사전승인처분은 그 자체로서 건설부지를 확정하고 사전공사를 허용하는 법률효과를 지닌 독립한 행정처분이기는 하지만, 건설허가 전에 신청자의 편의를 위하여 미리 그 건설허가의 일부요건을 심사하여 행하는 사전적 부분건설허가처분의 성격을 갖고 있는 것이어서 나중에 원자로 및 관계시설의 건설허가처분이 있게 되면 그 건설허가처분에 흡수되어 독립된 존재가치를 상실한다.[43]

### 2. 사안의 경우

원자로건설허가 이후 부지사전승인처분은 그 건설허가처분에 흡수되므로 건설허가처분만이 쟁송의 대상이 된다. 따라서 원자로건설허가 이후에는 부지사전승인처분에 대해 불복할 수 없다. 다만 부지사전승인처분의 위법성은 건설허가처분의 취소를 구하는 소송에서 다투면 된다.

## Ⅳ 설문의 해결

부지사전승인은 사전적 부분건설허가처분으로서 동법 제19조와 동법 제2조 제1항 제1호에 의하여 취소소송의 대상이 되는 처분이다. 다만 원자로건설허가 이후에는 그 건설허가처분에 흡수되어 독립된 존재가치를 상실하여 건설허가처분만이 쟁송의 대상이 되므로 부지사전승인처분에 대해 불복할 수 없다. 이에 대해서 대상적격의 문제는 처분성의 문제이고 처분의 효력문제는 협의의

---

43) 〈두문자암기 : 신사/건흡독상〉

소익 문제이므로 부지사전승인처분이 건설허가처분에 흡수되어 독립된 존재가치를 상실한다는 논리에 의문을 표하면서 부지사전승인처분은 건설허가처분에 흡수되어 효력을 상실하는 것이라는 견해가 있다.

## type 6-4 동일한 내용의 반복된 처분문서가 있는 경우

### [ I ] 문제의 소재

행정소송법(이하 동법이라 함) 제19조에 의하면, 취소소송은 처분 등을 대상으로 한다. 제1차 계고와 제2차 계고가 발령되었다. 1차 계고는 준법률행위적 행정행위인 통지이다. 이와 관련하여 2차 계고도 취소소송의 대상이 되는 처분인지 문제된다.

### [ II ] 2차 계고도 취소소송의 대상이 되는 처분인지 여부

#### 1. 판례

건물의 소유자에게 위법건축물을 일정기간까지 철거할 것을 명함과 아울러 불이행할 때에는 대집행한다는 내용의 철거대집행 계고처분을 고지한 후 이에 불응하자 다시 제2차, 제3차 계고서를 발송하여 일정기간까지의 자진철거를 촉구하고 불이행하면 대집행을 한다는 뜻을 고지하였다면 행정대집행법상의 건물철거의무는 제1차 철거명령 및 계고처분으로써 발생하였고 제2차, 제3차의 계고처분은 새로운 철거의무를 부과한 것이 아니고 다만 대집행기한의 연기통지에 불과하므로 행정처분이 아니다.[44] 거부처분은 관할행정청이 국민의 처분신청에 대하여 거절의 의사표시를 함으로써 성립되고, 그 이후 동일한 내용의 새로운 신청에 대하여 다시 거절의 의사표시를 한 경우에는 새로운 거부처분이 있는 것으로 보아야 할 것이다.[45]

#### 2. 사안의 경우

A시의 시장은 건물 소유자인 甲에게 동 건물이 무허가건물이라는 이유로 일정기간까지 철거할 것을 명함과 아울러 불이행할 때에는 대집행한다는 내용의 계고를 하였고, 甲이 이에 불응하자 다시 2차 계고서를 발송하여 일정기간까지 자진철거를 촉구하고 불이행하면 대집행한다는 내용을 고지하였다. 따라서 행정대집행법상의 건물철거의무는 제1차 철거명령 및 계고처분으로써 발생하였고, 2차 계고는 1차 계고와 동일한 내용이므로 반복된 계고로서 행정대집행법상의 건물철거의무는 발생치 않고 종전의 계고처분에 의한 건물철거를 독촉하거나 그 대집행기한을 연기한다는 통지에 불과하다. 따라서 취소소송의 대상이 되는 처분은 1차 계고이고, 2차 계고는 취소소송의 대상이 되는 처분이 아니다.

### [ III ] 설문의 해결

2차 계고는 취소소송의 대상이 아니다.

---

44) 대판 2000.2.22, 98두4665
45) 대판 1997.3.28, 96누18014

**type 6-5** 주된 처분문서와 주된 처분에 의해 효과발생이 의제되는 처분이 있는 경우

## Ⅰ 문제의 소재

행정소송법(이하 동법이라 함) 제19조에 의하면, 취소소송은 처분 등을 대상으로 한다. 주택건설사업계획승인처분에 의하여 지구단위계획결정이 있는 것으로 본다. 갑은 지구단위계획결정의 위법을 다투고자 한다. 이와 관련하여 주택건설사업계획승인처분과 의제되는 지구단위계획결정 중 취소소송의 대상이 문제된다.

## Ⅱ 주택건설사업계획승인처분과 의제되는 지구단위계획결정 중 취소소송의 대상

### 1. 판례

사업계획승인권자가 관계 행정청의 장과 미리 협의한 사항에 한하여 사업계획승인처분을 할 때에 인·허가 등이 의제될 뿐이고, 각 호에 열거된 모든 인·허가 등에 관하여 일괄하여 사전협의를 거칠 것을 사업계획승인처분의 요건으로 규정하고 있지 않은 경우 인·허가 의제 대상이 되는 처분에 어떤 하자가 있더라도, 그로써 해당 인·허가 의제의 효과가 발생하지 않을 여지가 있게 될 뿐이고, 그러한 사정이 사업계획승인처분 자체의 위법사유가 될 수는 없다. 또한 의제된 인·허가는 통상적인 인·허가와 동일한 효력을 가지므로, 적어도 '부분 인·허가 의제'가 허용되는 경우에는 그 효력을 제거하기 위한 법적 수단으로 의제된 인·허가의 취소나 철회가 허용될 수 있고, 이러한 직권 취소·철회가 가능한 이상 그 의제된 인·허가에 대한 쟁송취소 역시 허용된다.

### 2. 사안의 경우

주택법 제15조 제1항 본문에 의하면 주택건설사업계획승인권자가 관계 행정청의 장과 미리 협의한 사항에 한하여 승인처분을 할 때에 인·허가 등이 의제될 뿐이고, 각 호에 열거된 모든 인·허가 등에 관하여 일괄하여 사전협의를 거칠 것을 주택건설사업계획승인처분의 요건으로 규정하고 있지 않고 있다. 주택건설사업계획승인처분은 주택법 제19조 제1항에 의하여 관계 행정기관의 장과 협의한 사항에 대하여는 해당 인·허가 등을 받은 것으로 보므로 '부분 인허가 의제'가 허용되는 경우이다. 따라서 주택건설사업계획승인처분에 따라 의제된 인허가인 지구단위계획결정이 위법함을 다투고자 하는 이해관계인은 의제된 인허가인 지구단위계획결정의 취소를 구하여야 하므로 의제된 인허가인 지구단위계획결정이 취소소송의 대상이 되는 처분에 해당한다. 따라서 주택건설사업계획승인처분과 의제되는 지구단위계획결정 중 지구단위계획결정이 취소소송의 대상이다.

## Ⅲ 설문의 해결

주택건설사업계획승인처분에 의하여 지구단위계획결정이 있는 것으로 보는 경우 지구단위계획결정의 위법을 다투려면 지구단위계획결정을 취소소송의 대상으로 하여야 한다.

## 제2절　취소소송의 원고적격

### 제1항　처분의 제3자가 취소소송을 제기하는 경우

#### type 1-1　취임승인이 취소된 이사(일반 제3자)

#### Ⅰ 문제의 소재

행정소송법 제12조 제1문에 의하면, 취소소송은 처분 등의 취소를 구할 법률상 이익이 있는 자가 제기할 수 있다. 갑은 ○○처분의 제3자이다. 이와 관련하여 첫째, 법률상 이익의 의미와 법률의 범위가 문제된다. 둘째, 갑[46]이 ○○처분의 취소를 구할 법률상 이익이 있는 자인지 문제된다.

#### Ⅱ 법률상 이익의 의미와 법률의 범위

#### 1. 학설

취소소송의 기능과 관련하여 권리구제설, 법률상 이익구제설, 보호할 가치 있는 이익구제설, 적법성보장설이 있다. 법률상 이익구제설 내에서도 법률의 범위에 관하여 처분의 근거법규만을 고려하는 견해, 처분의 근거법규 외에 관련법규를 고려하는 견해, 처분의 실체법령뿐만 아니라 절차법령까지 고려하는 견해, 헌법의 기본권 규정까지 고려하는 견해 등이 있다.

#### 2. 판례

법률상 이익이란 처분의 근거법규와 관련법규에 의하여 보호되는 개별적·직접적·구체적·법적 이익이다.

#### 3. 검토

권리구제설은 원고적격의 인정범위가 협소하다는 점에서, 보호할 가치 있는 이익구제설은 보호할 가치인지의 판단을 판사의 자의적 판단에 맡긴다는 점에서, 적법성보장설은 민중소송화 우려가 있다는 점에서 법률상 이익구제설과 판례가 타당하고, 처분의 근거법규만을 고려하는 견해는 법률상 이익의 인정범위가 협소하다는 점에서, 처분의 실체법령뿐만 아니라 절차법령까지 고려하는 견해와 헌법의 기본권 규정까지 고려하는 견해는 반사적 이익도 법률상 이익으로 본다는 점에서 처분의 근거법규 외에 관련법규를 고려하는 견해와 판례가 타당하다.

#### 4. 사안의 경우

○○처분의 근거법규는 ○○법이다.

#### Ⅲ 취임승인이 취소된 이사 갑[47]이 ○○처분의 취소를 구할 법률상 이익이 있는 자인지 여부

#### 1. 판례

법률상 보호되는 이익은 당해 처분의 근거법규의 명문 규정에 의하여 보호받는 법률상 이익, 당해

---

46) 문제의 제시문에서 반드시 그 신분(인근주민, 기존업자, 타방신청인, 주주, 법인의 이사, 단체)이 주어진다.
47) 문제의 제시문에서 반드시 그 신분(인근주민, 기존업자, 타방신청인, 주주, 법인의 이사, 단체)이 주어진다.

처분의 행정목적을 달성하기 위한 일련의 단계적인 관련 처분들의 근거법규에 의하여 명시적으로 보호받는 법률상 이익, 당해 처분의 근거법규 또는 관련법규에서 명시적으로 당해 이익을 보호하는 명문의 규정이 없더라도 근거법규 및 관련법규의 합리적 해석상 그 법규에서 행정청을 제약하는 이유가 순수한 공익의 보호만이 아닌 개별적·직접적·구체적 이익을 보호하는 취지가 포함되어 있다고 해석되는 경우까지를 말한다.[48]

## 2. 사안의 경우

## Ⅳ 설문의 해결

### type 1-2 인근주민

### Ⅰ 문제의 소재

행정소송법 제12조 제1문에 의하면, 취소소송은 처분 등의 취소를 구할 법률상 이익이 있는 자가 제기할 수 있다. 갑은 ○○처분의 제3자이다. 이와 관련하여 첫째, 법률상 이익의 의미와 법률의 범위가 문제된다. 둘째, 갑[49]이 ○○처분의 취소를 구할 법률상 이익이 있는 자인지 문제된다.

### Ⅱ 법률상 이익의 의미와 법률의 범위

#### 1. 학설

취소소송의 기능과 관련하여 권리구제설, 법률상 이익구제설, 보호할 가치 있는 이익구제설, 적법성보장설이 있다. 법률상 이익구제설 내에서도 법률의 범위에 관하여 처분의 근거법규만을 고려하는 견해, 처분의 근거법규 외에 관련법규를 고려하는 견해, 처분의 실체법령뿐만 아니라 절차법령까지 고려하는 견해, 헌법의 기본권 규정까지 고려하는 견해 등이 있다.

#### 2. 판례

법률상 이익이란 처분의 근거법규와 관련법규에 의하여 보호되는 개별적·직접적·구체적·법적 이익이다.

#### 3. 검토

권리구제설은 원고적격의 인정범위가 협소하다는 점에서, 보호할 가치 있는 이익구제설은 보호할 가치인지의 판단을 판사의 자의적 판단에 맡긴다는 점에서, 적법성보장설은 민중소송화 우려가 있다는 점에서 법률상 이익구제설과 판례가 타당하고, 처분의 근거법규만을 고려하는 견해는 법률상 이익의 인정범위가 협소하다는 점에서, 처분의 실체법령뿐만 아니라 절차법령까지 고려하는 견해와 헌법의 기본권 규정까지 고려하는 견해는 반사적 이익도 법률상 이익으로 본다는 점에서 처분의 근거법규 외에 관련법규를 고려하는 견해와 판례가 타당하다.

---

48) 대판 2015.7.23, 2012두19496,19502 〈두문자암기 : 명문, 명시, 근관합해 개직구〉
49) 문제의 제시문에서 반드시 그 신분(인근주민, 기존업자, 타방신청인, 주주, 법인의 이사, 단체)이 주어진다.

## 4. 사안의 경우

○○처분의 근거법규는 ○○법이다.

### Ⅲ 인근주민인 갑이 ○○처분의 취소를 구할 법률상 이익이 있는 자인지 여부[50]

## 1. 판례

환경영향평가대상지역 안의 주민들이 처분 등과 관련하여 갖고 있는 환경상의 이익은 주민 개개인에 대하여 개별적으로 보호되는 직접적·구체적 이익으로서 그들에 대하여는 특단의 사정이 없는 한 환경상의 이익에 대한 침해 또는 침해우려가 있는 것으로 사실상 추정되어 원고적격이 인정된다. 환경영향평가대상지역 밖의 주민이라 할지라도 처분 등으로 인하여 그 처분 전과 비교하여 수인한도를 넘는 환경피해를 받거나 받을 우려가 있는 경우에는, 처분 등으로 인하여 환경상의 이익에 대한 침해 또는 침해우려가 있다는 것을 입증함으로써 원고적격을 인정받을 수 있다.[51]

## 2. 사안의 경우

인근주민인 갑은 ○○처분의 취소를 구할 법률상 이익이 있는 자이다(가 아니다).

### Ⅳ 소결

갑은 취소소송의 원고적격을 충족한다(하지 아니한다).

### type 1-3 기존업자

### Ⅰ 문제의 소재

행정소송법(이하 동법이라 함) 제12조 제1문에 의하면, 취소소송은 처분 등의 취소를 구할 법률상 이익이 있는 자가 제기할 수 있다. 갑은 ○○처분의 제3자이다. 이와 관련하여 첫째, 법률상 이익의 의미와 법률의 범위가 문제된다. 둘째, 갑[52]이 ○○처분의 취소를 구할 법률상 이익이 있는 자인지 문제된다.

### Ⅱ 법률상 이익의 의미와 법률의 범위

## 1. 학설

취소소송의 기능과 관련하여 권리구제설, 법률상 이익구제설, 보호할 가치 있는 이익구제설, 적법성보장설이 있다. 법률상 이익구제설 내에서도 법률의 범위에 관하여 처분의 근거법규만을 고려하는 견해, 처분의 근거법규 외에 관련법규를 고려하는 견해, 처분의 실체법령뿐만 아니라 절차법령까지 고려하는 견해, 헌법의 기본권 규정까지 고려하는 견해 등이 있다.

---

50) 판단기준이 제3자마다 다르므로 먼저 논리적으로 제3자가 누구인지를 밝혀주어야 하는 포섭과정이 나타나야 하나 주어진 설문에서 그 identity를 항상 밝혀주므로 목차와 같이 써 주고 바로 판단기준으로 진입하면 된다.

51) 〈두문자암기 : 주처환/개직구/특환침사/수환처입〉

52) 문제의 제시문에서 반드시 그 신분(인근주민, 기존업자, 타방신청인, 주주, 법인의 이사, 단체)이 주어진다.

## 2. 판례

법률상 이익이란 처분의 근거법규와 관련법규에 의하여 보호되는 개별적·직접적·구체적·법적 이익이다.

## 3. 검토

권리구제설은 원고적격의 인정범위가 협소하다는 점에서, 보호할 가치 있는 이익구제설은 보호할 가치인지의 판단을 판사의 자의적 판단에 맡긴다는 점에서, 적법성보장설은 민중소송화 우려가 있다는 점에서 법률상 이익구제설과 판례가 타당하고, 처분의 근거법규만을 고려하는 견해는 법률상 이익의 인정범위가 협소하다는 점에서, 처분의 실체법령뿐만 아니라 절차법령까지 고려하는 견해와 헌법의 기본권 규정까지 고려하는 견해는 반사적 이익도 법률상 이익으로 본다는 점에서 처분의 근거법규 외에 관련법규를 고려하는 견해와 판례가 타당하다.

## 4. 사안의 경우

○○처분의 근거법규는 ○○법이다.

### Ⅲ 기존업자인 갑이 ○○처분의 취소를 구할 법률상 이익이 있는 자인지 여부[53]

## 1. 판례

면허나 인허가 등의 수익적 행정처분의 근거가 되는 법률이 자유롭고 공정한 경쟁을 보호하는 것을 목적으로 하는 경우에는 다른 업자에 대한 면허나 인허가 등의 수익적 행정처분에 대하여 미리 같은 종류의 면허나 인허가 등의 수익적 행정처분을 받아 영업을 하고 있는 기존의 업자는 당해 행정처분의 취소를 구할 당사자적격이 없으나, 일반적으로 면허나 인허가 등의 수익적 행정처분의 근거가 되는 법률이 해당 업자들 사이의 과당경쟁으로 인한 경영의 불합리를 방지하는 것도 목적으로 하고 있는 경우, 다른 업자에 대한 면허나 인허가 등의 수익적 행정처분에 대하여 미리 같은 종류의 면허나 인허가 등의 수익적 행정처분을 받아 영업을 하고 있는 기존의 업자는 경업자에 대하여 이루어진 면허나 인허가 등 행정처분의 상대방이 아니라 하더라도 당해 행정처분의 취소를 구할 당사자적격이 있다.[54]

## 2. 사안의 경우

기존업자인 갑은 ○○처분의 취소를 구할 법률상 이익이 있는 자이다(가 아니다).

### Ⅳ 설문의 해결

갑은 동법 제12조 제1문의 취소소송의 원고적격을 충족한다(하지 아니한다).

---

53) 판단기준이 제3자마다 다르므로 먼저 논리적으로 제3자가 누구인지를 밝혀주어야 하는 포섭과정이 나타나야 하나 주어진 설문에서 그 identity를 항상 밝혀주므로 목차와 같이 써 주고 바로 판단기준으로 진입하면 된다.

54) 대판 2018.4.26, 2015두53824 〈두문자암기 : 자공경보과경불방〉 판례에 대해 평석은 '원칙적으로 기존업자가 허가업을 경영하는 경우에는 자신의 경영상 이익의 침해를 이유로 경업자는 취소소송을 제기할 수 없지만, 특허업을 경영하는 경우에는 자신의 경영상 이익의 침해를 이유로 경업자는 취소소송을 제기할 수 있다.'라고 결론을 내린다.

### type 1-4 타방신청인

#### I 문제의 소재

행정소송법(이하 동법이라 함) 제12조 제1문에 의하면, 취소소송은 처분 등의 취소를 구할 법률상 이익이 있는 자가 제기할 수 있다. 갑은 ○○처분의 제3자이다. 이와 관련하여 첫째, 법률상 이익의 의미와 법률의 범위가 문제된다. 둘째, 갑[55]이 ○○처분의 취소를 구할 법률상 이익이 있는 자인지 문제된다.

#### II 법률상 이익의 의미와 법률의 범위

**1. 학설**

취소소송의 기능과 관련하여 권리구제설, 법률상 이익구제설, 보호할 가치 있는 이익구제설, 적법성보장설이 있다. 법률상 이익구제설 내에서도 법률의 범위에 관하여 처분의 근거법규만을 고려하는 견해, 처분의 근거법규 외에 관련법규를 고려하는 견해, 처분의 실체법령뿐만 아니라 절차법령까지 고려하는 견해, 헌법의 기본권 규정까지 고려하는 견해 등이 있다.

**2. 판례**

법률상 이익이란 처분의 근거법규와 관련법규에 의하여 보호되는 개별적·직접적·구체적·법적이익이다.

**3. 검토**

권리구제설은 원고적격의 인정범위가 협소하다는 점에서, 보호할 가치 있는 이익구제설은 보호할 가치인지의 판단을 판사의 자의적 판단에 맡긴다는 점에서, 적법성보장설은 민중소송화 우려가 있다는 점에서 법률상 이익구제설과 판례가 타당하고, 처분의 근거법규만을 고려하는 견해는 법률상 이익의 인정범위가 협소하다는 점에서, 처분의 실체법령뿐만 아니라 절차법령까지 고려하는 견해와 헌법의 기본권 규정까지 고려하는 견해는 반사적 이익도 법률상 이익으로 본다는 점에서 처분의 근거법규 외에 관련법규를 고려하는 견해와 판례가 타당하다.

**4. 사안의 경우**

○○처분의 근거법규는 ○○법이다.

#### III 타방신청인인 갑이 ○○처분의 취소를 구할 법률상 이익이 있는 자인지 여부[56]

**1. 판례**

인·허가 등의 수익적 행정처분을 신청한 수인이 서로 경쟁관계에 있어서 일방에 대한 허가 등의 처분이 타방에 대한 불허가 등으로 귀결될 수밖에 없는 때 허가 등의 처분을 받지 못한 자는 비록

---

55) 문제의 제시문에서 반드시 그 신분(인근주민, 기존업자, 타방신청인, 주주, 법인의 이사, 단체)이 주어진다.
56) 판단기준이 제3자마다 다르므로 먼저 논리적으로 제3자가 누구인지를 밝혀주어야 하는 포섭과정이 나타나야 하나 주어진 설문에서 그 identity를 항상 밝혀주므로 목차와 같이 써 주고 바로 판단기준으로 진입하면 된다.

경원자에 대하여 이루어진 허가 등 처분의 상대방이 아니라 하더라도 당해 처분의 취소를 구할 원고적격이 있다.[57]

## 2. 사안의 경우

타방신청인인 갑은 일방신청인인 을의 ○○처분으로 인하여 ○○처분불허가를 받을 수밖에 없으므로 일방에 대한 ○○처분이 타방에 대한 불허가로 귀결될 수밖에 없는 때에 해당하므로 ○○처분의 취소를 구할 법률상 이익이 있는 자이다(가 아니다).

## Ⅳ 설문의 해결

갑은 동법 제12조 제1문의 취소소송의 원고적격을 충족한다(하지 아니한다).

### type 1-5 주주

## Ⅰ 문제의 소재

행정소송법 제12조 제1문에 의하면, 취소소송은 처분 등의 취소를 구할 법률상 이익이 있는 자가 제기할 수 있다. 갑은 ○○처분의 제3자이다. 이와 관련하여 첫째, 법률상 이익의 의미와 법률의 범위가 문제된다. 둘째, 갑[58]이 ○○처분의 취소를 구할 법률상 이익이 있는 자인지 문제된다.

## Ⅱ 법률상 이익의 의미와 법률의 범위

## 1. 학설

취소소송의 기능과 관련하여 권리구제설, 법률상 이익구제설, 보호할 가치 있는 이익구제설, 적법성보장설이 있다. 법률상 이익구제설 내에서도 법률의 범위에 관하여 처분의 근거법규만을 고려하는 견해, 처분의 근거법규 외에 관련법규를 고려하는 견해, 처분의 실체법령뿐만 아니라 절차법령까지 고려하는 견해, 헌법의 기본권 규정까지 고려하는 견해 등이 있다.

## 2. 판례

법률상 이익이란 처분의 근거법규와 관련법규에 의하여 보호되는 개별적·직접적·구체적·법적 이익이다.

## 3. 검토

권리구제설은 원고적격의 인정범위가 협소하다는 점에서, 보호할 가치 있는 이익구제설은 보호할 가치인지의 판단을 판사의 자의적 판단에 맡긴다는 점에서, 적법성보장설은 민중소송화 우려가 있다는 점에서 법률상 이익구제설과 판례가 타당하고, 처분의 근거법규만을 고려하는 견해는 법률상 이익의 인정범위가 협소하다는 점에서, 처분의 실체법령뿐만 아니라 절차법령까지 고려하는 견해와 헌법의 기본권 규정까지 고려하는 견해는 반사적 이익도 법률상 이익으로 본다는 점에서 처분의 근거법규 외에 관련법규를 고려하는 견해와 판례가 타당하다.

---

57) 〈두문자암기 : 일허타불〉
58) 문제의 제시문에서 반드시 그 신분(인근주민, 기존업자, 타방신청인, 주주, 법인의 이사, 단체)이 주어진다.

## 4. 사안의 경우

○○처분의 근거법규는 ○○법이다.

## Ⅲ 갑 등이 부실금융기관지정행위의 취소를 구할 법률상 이익이 있는 자인지 여부

### 1. 판례

일반적으로 법인의 주주나 임원은 당해 법인에 대한 행정처분에 관하여 사실상이나 간접적인 경제적 이해관계를 가질 뿐이어서 스스로 그 처분의 취소를 구할 원고적격이 없다. 다만 그 처분으로 인하여 궁극적으로 주식이 소각되거나 주주의 법인에 대한 권리가 소멸하는 등 주주의 지위에 중대한 영향을 초래하게 되는데도 그 처분의 성질상 당해 법인이 이를 다툴 것을 기대할 수 없고 달리 주주의 지위를 보전할 구제방법이 없는 경우에는 주주도 그 처분에 대하여 직접적이고 구체적인 법률상 이해관계를 가진다.[59]

### 2. 사안의 경우

금융위의 A저축은행에 대한 부실금융기관결정처분은 주주 갑 등이 소유한 기존 주식의 무상소각의 효력을 발생하여 주주 갑 등의 A저축은행에 대한 지위에 중대한 영향을 초래하고, 부실금융기관결정처분을 원인으로 새로이 선임된 직무대행자와 임시이사가 부실금융기관결정처분을 다툴 것을 기대할 수 없으며, 특별히 주주의 지위를 보전할 구제방법도 엿보이지 아니하므로 주주 갑 등은 금융위의 A저축은행에 대한 부실금융기관결정처분에 대하여 직접적이고 구체적인 법률상 이해관계를 가진다. 갑 등은 부실금융기관지정행위의 취소를 구할 법률상 이익이 있는 자이다.

## Ⅳ 설문의 해결

갑은 취소소송의 원고적격을 충족한다(하지 아니한다).

### type 1-6 단체

## Ⅰ 문제의 소재

행정소송법(이하 동법이라 함) 제12조 제1문에 의하면, 취소소송은 처분 등의 취소를 구할 법률상 이익이 있는 자가 제기할 수 있다. 갑은 ○○처분의 제3자이다. 이와 관련하여 첫째, 법률상 이익의 의미와 법률의 범위가 문제된다. 둘째, 갑[60]이 ○○처분의 취소를 구할 법률상 이익이 있는 자인지 문제된다.

## Ⅱ 법률상 이익의 의미와 법률의 범위

### 1. 학설

취소소송의 기능과 관련하여 권리구제설, 법률상 이익구제설, 보호할 가치 있는 이익구제설, 적법성

---

59) 〈두문자암기 : 주소권소/지중기구〉

60) 문제의 제시문에서 반드시 그 신분(인근주민, 기존업자, 타방신청인, 주주, 법인의 이사, 단체)이 주어진다.

보장설이 있다. 법률상 이익구제설 내에서도 법률의 범위에 관하여 처분의 근거법규만을 고려하는 견해, 처분의 근거법규 외에 관련법규를 고려하는 견해, 처분의 실체법령뿐만 아니라 절차법령까지 고려하는 견해, 헌법의 기본권 규정까지 고려하는 견해 등이 있다.

## 2. 판례

법률상 이익이란 처분의 근거법규와 관련법규에 의하여 보호되는 개별적·직접적·구체적·법적 이익이다.

## 3. 검토

권리구제설은 원고적격의 인정범위가 협소하다는 점에서, 보호할 가치 있는 이익구제설은 보호할 가치인지의 판단을 판사의 자의적 판단에 맡긴다는 점에서, 적법성보장설은 민중소송화 우려가 있다는 점에서 법률상 이익구제설과 판례가 타당하고, 처분의 근거법규만을 고려하는 견해는 법률상 이익의 인정범위가 협소하다는 점에서, 처분의 실체법령뿐만 아니라 절차법령까지 고려하는 견해와 헌법의 기본권 규정까지 고려하는 견해는 반사적 이익도 법률상 이익으로 본다는 점에서 처분의 근거법규 외에 관련법규를 고려하는 견해와 판례가 타당하다.

## 4. 사안의 경우

○○처분의 근거법규는 ○○법이다.

## Ⅲ 단체인 갑이 ○○처분의 취소를 구할 법률상 이익이 있는 자인지 여부

## 1. 학설

부진정단체소송은 법률상 이익이 있는 자가 제기할 수 있다는 것에 이견이 없다. 다만 진정단체소송의 허용 여부와 관련하여 단체소송은 객관적 소송이므로 행정소송법 제45조에 의하여 허용하는 특별법이 있는 경우에 비로소 가능하다는 견해와 정관에 정해진 단체의 존립목적인 공익이 침해된 경우에는 법률상 이익을 인정할 수 있다는 견해가 있다.

## 2. 판례

사단법인 대한의사협회는 의료법에 의하여 의사들을 회원으로 하여 설립된 사단법인으로서, 국민건강보험법상 요양급여행위, 요양급여비용의 청구 및 지급과 관련하여 직접적인 법률관계를 갖지 않고 있으므로, 보건복지부 고시인 '건강보험요양급여행위 및 그 상대가치점수 개정'으로 인하여 자신의 법률상 이익을 침해당하였다고 할 수 없다. 따라서 위 고시의 취소를 구할 원고적격이 없다.[61]

## 3. 검토

정관에 정해진 단체의 존립목적인 공익은 법률상 이익이 아니라는 점에서 행정소송법 제45조에 의하여 허용하는 특별법이 있는 경우에 비로소 가능하다는 견해가 타당하다.

---

61) 대판 2006.5.25, 2003두11988

### 4. 사안의 경우

단체인 갑이 제기하는 소송은 단체 자신의 침해된 법률상 이익을 위하여 제기하는 소송이 아니고 객관적 소송이므로 단체인 갑은 주관적 소송인 취소소송의 원고적격인 ○○처분의 취소를 구할 법률상 이익이 있는 자라 할 수 없다.

### Ⅳ 설문의 해결

갑은 동법 제12조 제1문의 취소소송의 원고적격을 충족하지 아니한다.

## 제2항 처분의 직접상대방이 취소소송을 제기하는 경우

### type 2-1 자(者)가 아닌 기관(機關)

### Ⅰ 문제의 소재

행정소송법(이하 동법이라 함) 제12조 제1문에 의하면, 취소소송은 처분 등의 취소를 구할 법률상 이익이 있는 자가 제기할 수 있다. 갑은 침익적 처분의 직접 상대방이나 법인이나 자연인이 아닌 국가기관이다. 행정처분에 대한 취소소송에서 원고적격이 있는지 여부는, 당해 처분의 상대방인지 여부에 따라 결정되는 것이 아니라 그 취소를 구할 법률상 이익이 있는지 여부에 따라 결정되는 것이다. 여기서 법률상 이익이란 당해 처분의 근거 법률에 의하여 보호되는 직접적이고 구체적인 이익이 있는 경우를 말하며, 간접적이거나 사실적·경제적 이해관계를 가지는 데 불과한 경우는 포함되지 아니한다. 이와 관련하여 국가기관인 甲이 내부고발자보호조치권고의 취소를 구할 법률상 이익이 있는 자인지 문제된다.

### Ⅱ 국가기관인 甲이 내부고발자보호조치권고의 취소를 구할 법률상 이익이 있는 자인지 여부

### 1. 판례

국가기관이 다른 국가기관에 대하여 한 조치라도 그것이 일반국민에 대한 행정처분 등과 동등하다고 평가할 수 있을 정도로 권리의무에 직접적이고 구체적인 영향을 미치고 그 조치의 위법성을 제거할 다른 법적 수단이 없는 경우에는, 국가기관의 지위에서 그 조치를 한 상대방 국가기관을 상대로 법원에 소를 제기하여 다툴 수 있는 당사자능력과 당사자적격이 있다고 보는 것이 타당하다.[62] 다만 국가기관이 항고소송을 제기할 수 있다고 보기 위해서는 다른 국가기관이 행한 조치 및 그 조치에 불응한 경우에 부과될 수 있는 불이익처분의 근거법령과 그 내용, 침해되는 국가기관의 권리침해 내지 불이익의 내용과 정도, 우월적 지위에서 고권적인 권한행사로 볼 수 있는지 여부, 정부조직 내에서 가능한 해결조정수단이 행정조직법 기타 법령상 존재하는지 여부, 권한쟁의에 관한 심판, 기관소송 등 다른 권리구제수단으로 분쟁을 해결할 수 있는지 여부 등을 종합적으로 검토하여야 한다.[63]

---

62) 〈두문자암기 : 일동권다〉

63) 〈두문자암기 : 다그불법내/침권불내정/우고권/정해존/권기다 종검〉

## 2. 사안의 경우

국민권익위원회가 선관위원장인 甲에게 행한 내부고발자보호조치권고는 국민권익위원회가 우월적 지위에서 행한 고권적인 권한행사임에도 국가기관인 甲은 내부고발자보호조치권고를 분쟁조정위원회를 통하여 조정할 수도 없고, 국민권익위원회가 헌법기관이 아니어서 권한쟁의심판을 통한 해결이 불가능하며, 국민권익위법에 기관소송이 없으므로 다른 권리구제수단이 없다. 취소소송을 통한 해결이 유효·적절한 수단이므로 국가기관인 甲은 내부고발자보호조치권고를 다툴 수 있는 당사자능력과 당사자적격이 있다고 보는 것이 타당하다. 국가기관인 甲은 내부고발자보호조치권고의 취소를 구할 법률상 이익이 있는 자이다.

## Ⅲ 설문의 해결

甲은 동법 제12조 제1문의 취소소송의 당사자능력 및 원고적격을 충족한다.

### type 2-2 대한민국

## Ⅰ 문제의 소재

행정소송법(이하 동법이라 함) 제12조 제1문에 의하면, 취소소송은 처분 등의 취소를 구할 법률상 이익이 있는 자가 제기할 수 있다. 갑은 침익적 처분의 직접 상대방이나 법인이나 자연인이 아닌 국가기관이다. 행정처분에 대한 취소소송에서 원고적격이 있는지 여부는, 당해 처분의 상대방인지 여부에 따라 결정되는 것이 아니라 그 취소를 구할 법률상 이익이 있는지 여부에 따라 결정되는 것이다. 여기서 법률상 이익이란 당해 처분의 근거 법률에 의하여 보호되는 직접적이고 구체적인 이익이 있는 경우를 말하며, 간접적이거나 사실적·경제적 이해관계를 가지는 데 불과한 경우는 포함되지 아니한다. 이와 관련하여 대한민국이 공공용건축협의거부의 취소를 구할 법률상 이익이 있는 자인지 문제된다.

## Ⅱ 대한민국이 공공용건축협의거부의 취소를 구할 법률상 이익이 있는 자인지 여부

### 1. 판례

대한민국이 취소소송을 제기할 수 있다고 보기 위해서는 해결조정수단이 행정조직법 기타 법령상 존재하는지 여부, 권한쟁의에 관한 심판, 기관소송 등 다른 권리구제수단으로 분쟁을 해결할 수 있는지 여부 등을 종합적으로 검토하여야 한다.

### 2. 사안의 경우

공공용건축물허가는 지방자치단체장의 고유권한이므로 직무이행명령의 대상이 아니라는 점, 대한민국은 공법인으로서 권한쟁의심판을 통한 분쟁해결이 불가능하며, 대한민국과 지방자치단체장의 관계는 기관 간의 소송이 아니라는 점에서 기관소송이 아니므로 다른 권리구제수단으로 분쟁을 해결할 수 없다. 취소소송의 제기가 분쟁의 해소에 유효·적절한 수단이므로 대한민국은 공공용건축협의거부의 취소를 구할 법률상 이익이 있는 자이다.

## Ⅲ 설문의 해결

갑은 동법 제12조 제1문의 취소소송의 당사자능력 및 원고적격을 충족한다.

### type 2-3 외국인

## Ⅰ 문제의 소재

행정소송법(이하 동법이라 함) 제12조 제1문에 의하면, 취소소송은 처분 등의 취소를 구할 법률상 이익이 있는 자가 제기할 수 있다. 갑은 침익적 처분의 직접 상대방이나 외국인이다. 행정처분에 대한 취소소송에서 원고적격이 있는지 여부는, 당해 처분의 상대방인지 여부에 따라 결정되는 것이 아니라 그 취소를 구할 법률상 이익이 있는지 여부에 따라 결정되는 것이다. 여기서 법률상 이익이란 당해 처분의 근거 법률에 의하여 보호되는 직접적이고 구체적인 이익이 있는 경우를 말하며, 간접적이거나 사실적·경제적 이해관계를 가지는 데 불과한 경우는 포함되지 아니한다. 이와 관련하여 외국인 A가 사증발급거부의 취소를 구할 법률상 이익이 있는 자인지 문제된다.

## Ⅱ 외국인 A가 사증발급거부의 취소를 구할 법률상 이익이 있는 자인지 여부

### 1. 판례

외국인이라도 대한민국과 실질적 관련성이 있거나 대한민국에서 법적으로 보호가치 있는 이해관계를 형성하였거나 '재외동포법'[64]이 적용되는 재외동포는 처분의 취소를 구할 법률상 이익이 있다.

### 2. 사안의 경우

외국인 A는 대한민국에서 출생하여 26년간 대한민국 국적을 보유하면서 거주한 사람이므로 이미 대한민국과 실질적 관련성이 있고, 대한민국에서 법적으로 보호가치 있는 이해관계를 형성하였다고 볼 수 있다. 재외동포인 A는 특별히 제정되어 시행 중인 재외동포의 대한민국 출입국과 대한민국 안에서의 법적 지위를 보장함을 목적으로 하는 '재외동포법'[65]이 적용된다. 외국인 A는 사증발급거부처분의 취소를 구할 법률상 이익이 있는 자이다.

## Ⅲ 설문의 해결

갑은 동법 제12조 제1문의 취소소송의 당사자능력 및 원고적격을 충족한다.

---

64) 「재외동포의 출입국과 법적 지위에 관한 법률」
65) 「재외동포의 출입국과 법적 지위에 관한 법률」

## 제 3 절　　취소소송의 피고적격

### Ⅰ 문제의 소재

행정소송법 제13조 제1항 본문에 의하면, 취소소송은 다른 법률에 특별한 규정이 없는 한 그 처분 등을 행한 행정청을 피고로 한다. 이와 관련하여 을이 ○○처분을 행한 행정청인지 문제된다.

### Ⅱ 을이 ○○처분을 행한 행정청인지 여부

#### 1. 판례

처분 등을 행한 행정청이란 원칙적으로 소송의 대상인 처분 등을 외부적으로 자기 명의로 행한 행정청을 의미한다.

#### 2. 사안의 경우

을은 ○○처분을 행하였다는 점에서 ○○처분을 외부적으로 자기 명의로 행한 행정청이다. 을은 ○○처분을 행한 행정청이다.

### Ⅲ 설문의 해결

을은 행정소송법 제13조에 의하여 취소소송의 피고적격을 충족한다.

## 제 4 절　　취소소송의 협의의 소익요건

### 제1항　　취소소송제도 자체가 지닌 협의의 소익요건

#### type 1-1　처분의 효과가 소멸된 경우 : 법률상 이익의 침해가 있는 경우

### Ⅰ 문제의 소재

취소소송의 협의의 소익이란 행정소송법(이하 동법이라 함) 제4조 제1호의 취소소송을 통한 권리보호의 필요성이다. 취소소송의 협의의 소익은 취소소송의 대상이 되는 처분을 대상으로 취소소송의 원고적격을 충족하면 원칙적으로 충족된다. 다만, 처분의 효과가 소멸되거나 원상회복이 불가능하거나 이미 법익침해가 해소된 경우에는 예외적으로 취소소송을 통한 권리보호의 필요성이 없다. ○○처분은 기간의 경과로 인하여 효과가 소멸되었다. 이와 관련하여 갑에게 여전히 ○○처분취소소송의 협의의 소익이 있는지 문제된다.

### Ⅱ 갑에게 여전히 ○○처분취소소송의 협의의 소익이 있는지 여부

#### 1. 문제의 소재

동법 제12조 제2문에 의하면, 처분 등의 효과가 기간의 경과, 처분 등의 집행 그 밖의 사유로 인하여 소멸된 뒤에도 그 처분 등의 취소로 인하여 회복되는 법률상 이익이 있는 자의 경우에는

또한 같다. 이와 관련하여 첫째, 동법 제12조 제2문의 법적 성질과 법률상 이익의 의미가 문제된
다. 둘째, 갑이 ○○의 취소로 인하여 회복되는 법률상 이익이 있는 자인지 문제된다.

## 2. 동법 제12조 제2문의 법적 성질과 법률상 이익의 의미

### (1) 학설

동법 제12조 제2문의 법적 성질을 취소소송의 원고적격규정으로 보면서 동법 제12조 제1문
의 법률상 이익과 그 의미가 동일하다는 견해, 동법 제12조 제2문의 법적 성질을 위법확인소
송의 원고적격규정으로 보면서 처분의 위법확인에 대한 정당한 이익으로 보는 견해, 동법 제
12조 제2문의 법적 성질을 협의의 소익규정으로 보면서 동법 제12조 제1문의 법률상 이익보
다 넓게 보아야 한다는 견해 등이 있다.

### (2) 판례

법률상 이익이란 처분의 근거법규와 관계법규에 의하여 보호되는 개별적·직접적·구체적
이익 외에 구체적이고 현실적인 반복처분의 위험의 제거와 구체적이고 현실적인 가중처분의
위험의 제거이다.

### (3) 검토

처분의 위법확인에 대한 정당한 이익으로 보는 견해는 취소판결이 형성판결이라는 점에서,
동법 제12조 제1문의 법률상 이익과 그 의미가 동일하다는 견해는 국민의 권리구제의 확대
측면에서 문제가 있다는 점에서 판례가 타당하다.

### (4) 소결

동법 제12조 제2문의 법률상 이익의 의미는 동법 제12조 제1문의 법률상 이익 외에 구체적
이고 현실적인 반복처분의 위험의 제거와 구체적이고 현실적인 가중처분의 위험의 제거이다.

## 3. 갑이 ○○의 취소로 인하여 회복되는 법률상 이익이 있는 자인지 여부

### (1) 판례

법률상 이익은 당해 처분의 근거 법률에 의하여 보호되는 직접적이고 구체적인 이익이 있는
경우를 말하고 간접적이거나 사실적, 경제적 이해관계를 가지는 데 불과한 경우에는 여기에
해당하지 아니하며, 제재적 행정처분에 효력기간이 정하여져 있는 경우 그 처분의 효력 또는
집행이 정지된 바 없다면 그 기간의 경과로 행정처분의 효력은 상실되므로 그 기간 경과 후
에는 그 처분이 외형상 잔존함으로 인하여 어떠한 법률상 이익이 침해되고 있다고 볼 만한
별다른 사정이 없는 한 그 처분의 취소를 구할 법률상의 이익이 없다.

### (2) 사안의 경우

## 4. 소결

## Ⅲ 설문의 해결

갑의 제소는 취소소송의 협의의 소익요건을 충족한다.

PART
02

## type 1-2 처분의 효과가 소멸된 경우 : 반복처분의 위험이 있는 경우

### Ⅰ 문제의 소재

취소소송의 협의의 소익이란 행정소송법(이하 동법이라 함) 제4조 제1호의 취소소송을 통한 권리보호의 필요성이다. 취소소송의 협의의 소익은 취소소송의 대상이 되는 처분을 대상으로 취소소송의 원고적격을 충족하면 원칙적으로 충족된다. 다만 처분의 효과가 소멸되거나 원상회복이 불가능하거나 이미 법익침해가 해소된 경우에는 예외적으로 취소소송을 통한 권리보호의 필요성이 없다. ○○처분은 기간의 경과로 인하여 효과가 소멸되었다. 이와 관련하여 갑에게 여전히 ○○처분취소소송의 협의의 소익이 있는지 문제된다.

### Ⅱ 갑에게 여전히 ○○처분취소소송의 협의의 소익이 있는지 여부

#### 1. 문제의 소재

동법 제12조 제2문에 의하면, 처분 등의 효과가 기간의 경과, 처분 등의 집행 그 밖의 사유로 인하여 소멸된 뒤에도 그 처분 등의 취소로 인하여 회복되는 법률상 이익이 있는 자의 경우에는 또한 같다. 이와 관련하여 첫째, 동법 제12조 제2문의 법적 성질과 법률상 이익의 의미가 문제된다. 둘째, 갑이 ○○의 취소로 인하여 회복되는 법률상 이익이 있는 자인지 문제된다.

#### 2. 동법 제12조 제2문의 법적 성질과 법률상 이익의 의미

##### (1) 학설

동법 제12조 제2문의 법적 성질을 취소소송의 원고적격규정으로 보면서 동법 제12조 제1문의 법률상 이익과 그 의미가 동일하다는 견해, 동법 제12조 제2문의 법적 성질을 위법확인소송의 원고적격규정으로 보면서 처분의 위법확인에 대한 정당한 이익으로 보는 견해, 동법 제12조 제2문의 법적 성질을 협의의 소익규정으로 보면서 동법 제12조 제1문의 법률상 이익보다 넓게 보아야 한다는 견해 등이 있다.

##### (2) 판례

법률상 이익이란 처분의 근거법규와 관계법규에 의하여 보호되는 개별적·직접적·구체적 이익 외에 구체적이고 현실적인 반복처분의 위험의 제거와 구체적이고 현실적인 가중처분의 위험의 제거이다.

##### (3) 검토

처분의 위법확인에 대한 정당한 이익으로 보는 견해는 취소판결이 형성판결이라는 점에서, 동법 제12조 제1문의 법률상 이익과 그 의미가 동일하다는 견해는 국민의 권리구제의 확대 측면에서 문제가 있다는 점에서 판례가 타당하다.

##### (4) 소결

동법 제12조 제2문의 법률상 이익의 의미는 동법 제12조 제1문의 법률상 이익 외에 구체적이고 현실적인 반복처분의 위험의 제거와 구체적이고 현실적인 가중처분의 위험의 제거이다.

## 3. 갑이 ○○의 취소로 인하여 회복되는 법률상 이익이 있는 자인지 여부

### (1) 판례

행정처분의 무효확인 또는 취소를 구하는 소가 제소 당시에는 소의 이익이 있어 적법하였는데, 소송계속 중 해당 행정처분이 기간의 경과 등으로 그 효과가 소멸한 때에 처분이 취소되어도 원상회복이 불가능하다고 보이는 경우라도, 무효확인 또는 취소로써 회복할 수 있는 다른 권리나 이익이 남아 있거나 또는 그 행정처분과 동일한 사유로 위법한 처분이 반복될 위험성이 있어 행정처분의 위법성 확인 내지 불분명한 법률문제에 대한 해명이 필요한 경우에는 행정의 적법성 확보와 그에 대한 사법통제, 국민의 권리구제 확대 등의 측면에서 예외적으로 그 처분의 취소를 구할 소의 이익을 인정할 수 있다.[66)

### (2) 사안의 경우

취소소송의 동일한 소송당사자인 원고인 갑과 취소소송의 피고인 을 사이에서 ○○법 위반이라는 동일한 사유로 취소소송의 대상이 되는 ○○처분이 반복될 위험성이 있어 당해 ○○처분의 위법성 확인 내지 불분명한 법률문제에 대한 해명이 필요한 상황이다. 갑은 ○○처분의 취소로 인하여 회복되는 법률상 이익이 있는 자이다. 판례는 이 경우 ○○처분의 취소를 구할 법률상 이익이 있는 자라고 한다.

## 4. 소결

## Ⅲ 설문의 해결

갑의 제소는 취소소송의 협의의 소익요건을 충족한다.

---

### type 1-3 처분의 효과가 소멸된 경우 : 가중처분의 위험이 있는 경우

## Ⅰ 문제의 소재

취소소송의 협의의 소익이란 행정소송법(이하 동법이라 함) 제4조 제1호의 취소소송을 통한 권리보호의 필요성이다. 취소소송의 협의의 소익은 취소소송의 대상이 되는 처분을 대상으로 취소소송의 원고적격을 충족하면 원칙적으로 충족된다. 다만 처분의 효과가 소멸되거나 원상회복이 불가능하거나 이미 법익침해가 해소된 경우에는 예외적으로 취소소송을 통한 권리보호의 필요성이 없다. ○○처분은 기간의 경과로 인하여 효과가 소멸되었다. 이와 관련하여 갑에게 여전히 ○○처분취소소송의 협의의 소익이 있는지 문제된다.

---

66) 여기에서 '그 행정처분과 동일한 사유로 위법한 처분이 반복될 위험성이 있는 경우'란 불분명한 법률문제에 대한 해명이 필요한 상황에 대한 대표적인 예시일 뿐이며, 반드시 '해당 사건의 동일한 소송당사자 사이에서' 반복될 위험이 있는 경우만을 의미하는 것은 아니다.

## Ⅱ 갑에게 여전히 ○○처분취소소송의 협의의 소익이 있는지 여부

### 1. 문제의 소재

동법 제12조 제2문에 의하면, 처분 등의 효과가 기간의 경과, 처분 등의 집행 그 밖의 사유로 인하여 소멸된 뒤에도 그 처분 등의 취소로 인하여 회복되는 법률상 이익이 있는 자의 경우에는 또한 같다. 이와 관련하여 첫째, 동법 제12조 제2문의 법적 성질과 법률상 이익의 의미가 문제된다. 둘째, 갑이 ○○의 취소로 인하여 회복되는 법률상 이익이 있는 자인지 문제된다.

### 2. 동법 제12조 제2문의 법적 성질과 법률상 이익의 의미

#### (1) 학설

동법 제12조 제2문의 법적 성질을 취소소송의 원고적격규정으로 보면서 동법 제12조 제1문의 법률상 이익과 그 의미가 동일하다는 견해, 동법 제12조 제2문의 법적 성질을 위법확인소송의 원고적격규정으로 보면서 처분의 위법확인에 대한 정당한 이익으로 보는 견해, 동법 제12조 제2문의 법적 성질을 협의의 소익규정으로 보면서 동법 제12조 제1문의 법률상 이익보다 넓게 보아야 한다는 견해 등이 있다.

#### (2) 판례

법률상 이익이란 처분의 근거법규와 관계법규에 의하여 보호되는 개별적·직접적·구체적 이익 외에 구체적이고 현실적인 반복처분의 위험의 제거와 구체적이고 현실적인 가중처분의 위험의 제거이다. 선행처분과 후행처분이 단계적인 일련의 절차로 연속하여 행하여져 후행처분이 선행처분의 적법함을 전제로 이루어짐에 따라 선행처분의 하자가 후행처분에 승계된다고 볼 수 있어 이미 소를 제기하여 다투고 있는 선행처분의 위법성을 확인하여 줄 필요가 있는 경우 등에는 그 처분의 취소를 구할 법률상 이익이 있다.

#### (3) 검토

처분의 위법확인에 대한 정당한 이익으로 보는 견해는 취소판결이 형성판결이라는 점에서, 동법 제12조 제1문의 법률상 이익과 그 의미가 동일하다는 견해는 국민의 권리구제의 확대 측면에서 문제가 있다는 점에서 판례가 타당하다.

#### (4) 소결

동법 제12조 제2문의 법률상 이익의 의미는 동법 제12조 제1문의 법률상 이익 외에 구체적이고 현실적인 반복처분의 위험의 제거와 구체적이고 현실적인 가중처분의 위험의 제거이다.

### 3. 갑이 ○○의 취소로 인하여 회복되는 법률상 이익이 있는 자인지 여부

#### (1) 문제의 소재

판례에 의하면 원칙적으로 선행처분을 요건으로 한 가중처분이 법규명령에 규정되면 법률상 이익이나, 행정규칙에 규정되면 법률상 이익이 아니다. 법규명령 중 시행령에 규정된 경우 법률상 이익이라는 점에 대해서 견해대립이 없다. 이와 관련하여 선행처분을 요건으로 한 가중처분이 시행규칙에 규정된 경우 가중처분인 후행처분의 위험의 제거가 선행처분인 ○○의 취소로 인하여 회복되는 법률상 이익인지 문제된다.

(2) 선행처분을 요건으로 한 가중처분이 시행규칙에 규정된 경우 가중처분인 후행처분의 위험의 제거가 선행처분인 ○○의 취소로 인하여 회복되는 법률상 이익인지 여부

### 1) 학설

시행규칙도 법규명령이어서 법률상 이익이라는 견해, 시행규칙은 행정규칙이라서 법률상 이익이 아니라는 견해와 시행규칙이 행정규칙임에도 법률상 이익이 될 수 있다는 견해, 법령의 수권에 근거한 시행규칙은 법규명령이어서 법률상 이익이고 법령의 수권에 근거하지 아니한 시행규칙은 행정규칙이어서 법률상 이익이 아니라는 견해, 시행규칙에 규정한 것은 위헌·무효이어서 법률상 이익이 아니라는 견해 등이 있다.

### 2) 판례

제재적 행정처분의 가중사유나 전제요건에 관한 규정이 법령이 아니라 규칙의 형식으로 되어 있다고 하더라도, 그러한 규칙이 법령에 근거를 두고 있는 이상 그 법적 성질이 대외적·일반적 구속력을 갖는 법규명령인지 여부와는 상관없이, 관할행정청이나 담당공무원은 이를 준수할 의무가 있으므로 이들이 그 규칙에 정해진 바에 따라 행정작용을 할 것이 당연히 예견되고,[67] 그 결과 행정작용의 상대방인 국민으로서는 그 규칙의 영향을 받을 수밖에 없다. 따라서 그러한 규칙이 정한 바에 따라 선행처분을 받은 상대방이 그 처분의 존재로 인하여 장래에 받을 불이익, 즉 후행처분의 위험은 구체적이고 현실적인 것이므로,[68] 상대방에게는 선행처분의 취소소송을 통하여 그 불이익을 제거할 필요가 있다.[69]

### 3) 검토

동법 제12조 제2문을 협의의 소익규정으로 보는 한 가중처분이 시행규칙에 규정되어도 동법 제12조 제2문의 법률상 이익이 될 수 있다는 견해와 판례가 타당하다.

### 4) 사안의 경우

선행처분인 ○○을 요건으로 하는 장래에 받을 불이익처분인 □□처분은 시행규칙에 의하나 그 규칙이 △△법에 근거를 둔 이상 그 불이익은 구체적이고 현실적인 위험이므로 갑은 선행처분인 ○○의 취소로 인하여 회복되는 법률상 이익이 있는 자이다.

(3) 소결

갑은 ○○의 취소로 인하여 회복되는 법률상 이익이 있는 자이다. 판례는 이 경우 ○○처분의 취소를 구할 법률상 이익이 있는 자라고 한다.

## 4. 소결

---

67) 〈두문자암기 : 형근준예〉
68) 〈두문자암기 : 선상장불,후위구현〉
69) 대판 2006.6.22, 2003두1684

### Ⅲ 설문의 해결

갑의 제소는 취소소송의 협의의 소익요건을 충족한다.

## type 1-4 원상회복이 불가능한 경우

### Ⅰ 문제의 소재

취소소송의 협의의 소익이란 행정소송법 제4조 제1호의 취소소송을 통한 권리보호의 필요성이다. 취소소송의 대상이 되는 처분을 대상으로 취소소송의 원고적격을 충족하여 소제기하면 취소소송의 협의의 소익은 원칙적으로 충족된다. 다만 처분의 효과가 소멸되거나 원상회복이 불가능하거나 이미 법익침해가 해소된 경우에는 예외적으로 취소소송을 통한 권리보호의 필요성이 없다. ○○처분은 정년의 도과로 인하여 ○○처분이 취소되더라도 ○○처분으로 인하여 상실된 갑의 공무원 지위의 회복이 불가능하다. 이와 관련하여 갑에게 여전히 취소소송을 통한 권리보호의 필요성이 있는지 문제된다.

### Ⅱ 갑에게 여전히 취소소송을 통한 권리보호의 필요성이 있는지 여부

#### 1. 판례

취소인용판결로 인하여 주된 이익의 회복이 불가능하다 할지라도, 부수적 이익이 존재하는 경우에는 협의의 소익이 존재한다. 부수적 이익은 법률상 명문의 규정이 있어야 한다.

#### 2. 사안의 경우

갑은 상실된 의원으로서의 지위회복이 불가능하지만, 의원직에 있는 기간 동안 지방자치법상 월정수당을 받을 이익을 회복할 수 있다. 이는 지위에 부수하는 부수적 이익이다. 갑에게 취소소송을 통한 권리보호의 필요성이 있다. 판례도 지방의회의원이 제명의결 취소소송계속 중 임기가 만료되어 제명의결의 취소로 지방의회의원으로서의 지위를 회복할 수 없는 경우라도 그 취소로 인하여 최소한 제명의결 시부터 임기만료일까지의 기간에 대해 월정수당의 지급을 구할 수 있는 등 여전히 그 제명의결의 취소를 구할 법률상 이익은 남아 있다고 판시하였다.[70]

### Ⅲ 설문의 해결

갑의 제소는 여전히 취소소송의 협의의 소익요건을 충족한다.

## type 1-5 이미 법익침해가 해소된 경우

### Ⅰ 문제의 소재

취소소송의 협의의 소익이란 행정소송법 제4조 제1호의 취소소송을 통한 권리보호의 필요성이다. 취소소송의 대상이 되는 처분을 대상으로 취소소송의 원고적격을 충족하여 소제기하면 취소소송의

---

70) 대판 2009.1.30, 2007두13487

협의의 소익은 원칙적으로 충족된다. 다만 처분의 효과가 소멸되거나 원상회복이 불가능하거나 이미 법익침해가 해소된 경우에는 예외적으로 취소소송을 통한 권리보호의 필요성이 없다. 퇴학처분은 고졸검정고시의 합격으로 인하여 퇴학처분의 근거법규에 의해 직접 침해되는 고졸학력불인정과 대학진학시험응시박탈이 해소되었다. 이와 관련하여 갑에게 여전히 취소소송을 통한 권리보호의 필요성이 있는지 문제된다.

## Ⅱ 갑에게 여전히 취소소송을 통한 권리보호의 필요성이 있는지 여부

### 1. 판례

처분의 근거법규에 의하여 직접 침해되는 법률상 이익의 침해가 해소되더라도, 그 처분으로 인한 법률상 이익의 침해가 잔존한다면 당해 처분의 취소를 구할 소송상 이익이 있다.

### 2. 사안의 경우

퇴학처분의 근거법규에 의하여 직접 침해되는 대학입학자격박탈이나 고졸학력불인정은 고등학교졸업학력검정고시의 합격으로 해소되었다. 고등학교졸업학력검정고시에 합격하였다 하여 고등학교 학생으로서의 신분과 명예가 회복될 수 없다. 따라서 갑에게 취소소송을 통한 권리보호의 필요성이 있다. 판례도 고등학교졸업이 대학입학자격이나 학력인정으로서의 의미밖에 없다고 할 수 없으므로 고등학교졸업학력검정고시에 합격하였다 하여 고등학교 학생으로서의 신분과 명예가 회복될 수 없는 것이니 퇴학처분을 받은 자로서는 퇴학처분의 위법을 주장하여 그 취소를 구할 소송상의 이익이 있다고 하였다.[71]

## Ⅲ 설문의 해결

갑의 제소는 여전히 취소소송의 협의의 소익요건을 충족한다.

## 제2항 취소소송도 소송이므로 소송일반의 협의의 소익요건

### type 2-1 오로지 이론상 의미밖에 없는 경우(경원자인 경우)

### Ⅰ 문제의 소재

취소소송도 소송이므로 취소소송의 협의의 소익 이외에 소송일반의 협의의 소익으로서 보다 간이한 권리구제수단이 없을 것, 오로지 이론상 의미만 추구하는 소송이 아닐 것, 오로지 부당한 목적만을 추구하는 소송이 아닐 것, 소권이 실효된 자가 제기하는 소송이 아니어야 한다. 타방신청인인 갑은 ○○허가처분의 제3자로서 경원자이다. 이와 관련하여 갑이 제기하는 ○○허가처분취소소송이 오로지 이론상 의미만 추구하는 소송인지 문제된다.

---

71) 대판 1992.7.14, 91누4737 〈두문자암기 : 고대,고합학신명〉

## Ⅱ 갑이 제기하는 ○○허가처분취소소송이 오로지 이론상 의미만 추구하는 소송인지 여부

### 1. 판례

명백한 법적 장애로 인하여 원고 자신의 신청이 인용될 가능성이 처음부터 배제되어 있는 경우에는 원고의 청구가 이론적인 의미만 있을 뿐 실제적 효용이 없으므로 당해 처분의 취소를 구할 정당한 이익은 부정된다.

### 2. 사안의 경우

갑은 ○○허가처분취소소송의 요건을 충족하지 못하였다. 이는 명백한 법적 장애로 인하여 갑 자신의 신청이 인용될 가능성이 처음부터 배제되어 있는 경우에 해당한다. 갑이 제기하는 ○○허가처분취소소송은 오로지 이론상 의미만 추구하는 소송이다. 판례는 이 경우 당해 처분의 취소를 구할 정당한 이익이 부정된다고 한다.

## Ⅲ 설문의 해결

갑은 취소소송의 협의의 소익요건을 충족하지 못한다.

## 제 5 절　취소소송의 제소기간요건

### 제1항　취소되고 남은 원처분이 취소소송의 대상인 경우 기산점

## Ⅰ 문제의 소재

행정소송법(이하 동법이라 함) 제19조 본문에 의하면 취소소송은 처분 등을 대상으로 한다. 당초 처분인 □□처분이 ○○변경재결을 거쳐서 ○○처분으로 감경되었다. 이와 관련하여 첫째, 당 초처분인 □□처분, 변경재결 중 취소소송의 대상이 문제된다. 둘째, 취소소송의 제소기간의 기 산점이 문제된다.

## Ⅱ 당초처분인 □□처분, ○○변경재결 중 취소소송의 대상

### 1. 학설

변경된 당초처분과 변경처분은 독립된 처분으로 모두 소의 대상이 된다는 견해, 당초처분은 변경 처분에 흡수되어 변경처분만이 소의 대상이 된다는 견해, 변경처분은 당초처분에 흡수되어 당초 처분만이 소의 대상이 된다는 견해가 있다.

### 2. 판례

행정청이 식품위생법령에 따라 영업자에게 행정제재처분을 한 후 그 처분을 영업자에게 유리하게 변경하는 처분을 한 경우, 변경처분에 의하여 당초처분은 소멸하는 것이 아니고 당초부터 유 리하게 변경된 내용의 처분으로 존재하는 것이므로,[72] 변경처분에 의하여 유리하게 변경된 내용의

---

72) 〈두문자암기 : 변당소당변존〉

행정제재가 위법하다 하여 그 취소를 구하는 경우 그 취소소송의 대상은 변경된 내용의 당초처분이지 변경처분은 아니다.

## 3. 검토

당초의 행정제재사유를 유지한 채 제재처분을 영업자에게 유리하게 변경하는 것이므로 변경처분에 의하여 당초 제재처분이 소멸하는 것이 아니고 당초부터 유리하게 변경된 내용의 제재처분으로 존재하는 것으로 보는 판례가 타당하다.

## 4. 사안의 경우

취소소송의 대상은 변경된 내용의 2016.3.○○일자[73]의 ○○처분이다.

## Ⅲ 취소소송의 제소기간의 기산점

## 1. 취소소송의 제소기간

동법 제20조 제1항과 제2항에 의하면 특별한 사정이 없는 한 취소소송은 처분 등이 있음을 안 날(재결서 정본을 송달받은 날)부터 90일 이내에 제기하여야 하고, 처분 등이 있은 날부터 1년을 경과하면 이를 제기하지 못한다.

## 2. 사안의 경우

원칙적으로 취소소송의 제소기간의 기산점은 변경된 내용의 당초처분인 ○○처분이 있음을 안 날인 2016.3.○○일이다. 다만, 갑은 ○○변경재결을 거쳐서 취소소송을 제기하고 있으므로 재결서의 정본을 송달받은 날이 90일 제소기간의 기산점이다.

## Ⅳ 설문의 해결

취소소송의 대상은 변경된 내용의 2016.3.○○일자[74]의 ○○처분이고, 재결서의 정본을 송달받은 날이 90일 제소기간의 기산점이다.

---

## 제2항 하자의 승계[75]

## Ⅰ 문제의 소재[76]

하자의 승계란 선행행위의 하자를 이유로 후행행위를 다투는 것을 말한다. 선행행위의 하자를 이유로 후행행위를 다투려면, 하자승계논의의 전제조건을 충족하여야 하고, 선행행위의 하자가

---

73) 당초처분인 □□처분이 효력을 발생한 날
74) 당초처분인 □□처분이 효력을 발생한 날
75) 하자의 승계문제는 거의 대부분 독립형으로 출제되니 목차의 구성과 흐름을 잘 기억하기 바란다.
76) 일반적으로 법률규정과 문제의 소재라 써야 하나 하자의 승계에 관하여는 법률규정이 존재하지 않으므로 하자의 승계의 의의와 문제의 소재로 쓴다.

후행행위에 승계되어야 한다. 이와 관련하여 첫째, 선행행위인 ○○과 후행행위인 □□가 하자승계논의의 전제조건을 충족하는지 문제된다. 둘째, 선행행위인 ○○의 하자가 후행행위인 □□에 승계되는지 문제된다.

## Ⅱ 선행행위인 ○○과 후행행위인 □□가 하자승계논의의 전제조건을 충족하는지 여부

### 1. 문제의 소재

하자의 승계가 논의되려면, 선행행위인 ○○과 후행행위인 □□가 처분이어야 하고, 선행행위인 ○○에는 취소사유인 위법성이 존재하여야 하며, 선행행위인 ○○은 제소기간이 도과하여 불가쟁력이 발생하여야 하고, 후행행위인 □□는 적법하여야 한다는 전제조건을 충족하여야 한다. 선행행위인 ○○은 강학상 특허로서 처분이고, 선행행위인 ○○은 취소소송의 제소기간이 도과하였으므로 불가쟁력이 발생하였다. 후행행위인 □□도 강학상 하명으로서 처분이다. 후행행위인 □□가 취소소송요건을 충족하지 아니하였다는 특별히 문제될만한 사정이 엿보이지 않으므로 적법하다. 이와 관련하여 첫째, 선행행위인 ○○에 하자가 존재하는지 문제된다. 둘째, 선행행위인 ○○의 하자의 정도가 취소사유인지 문제된다.

### 2. 선행행위인 ○○에 하자가 존재하는지 여부

#### (1) 법률규정

산업입지 및 개발에 관한 법률 제10조 제1항에 의하면 산업단지지정권자는 … 산업단지를 지정하거나 … 하려는 경우에는 이를 공고하여 주민 및 관계 전문가 등의 의견을 들어야 하고, 그 의견이 타당하다고 인정할 때에는 이를 반영하여야 한다.

#### (2) 사안의 경우

Y도지사는 산업단지를 지정하면서 주민 및 관계 전문가 등의 의견을 청취하지 않았으므로 산업입지 및 개발에 관한 법률 제10조 제1항 위반으로 법령상 절차상 하자가 존재한다. 절차상 하자는 적법절차의 원리, 행정소송법 제30조 제3항의 취지상 독자적 위법사유이다.

### 3. 선행행위인 ○○의 하자의 정도가 취소사유인지 여부[77]

#### (1) 판례

중대명백설과 판례에 의하면 하자 있는 처분이 당연무효가 되기 위해서는 그 하자가 법규의 중요한 부분을 위반한 중대한 것으로서 객관적으로 명백한 것이어야 한다.

#### (2) 사안의 경우

절차위반은 적법요건의 위반이 아니므로 중대한 법규위반은 아니나 법률규정이 일의적이어서 객관적으로 명백한 것이므로 취소사유이다.

---

[77] 이 목차의 전 단계로 절차상 하자가 독자적 위법사유가 되느냐가 논급되어야 하지만, 취소사유인지 여부로 묻는 목차가 등장함으로써 그 전제로 독자적 위법사유가 인정된 기초 위에 논의가 진행됨을 보여주고 있다.

## 4. 소결

선행행위인 ○○의 하자와 후행행위인 □□는 하자승계논의의 전제조건을 충족한다.

## Ⅲ 선행행위인 ○○의 하자가 후행행위인 □□에 승계되는지 여부

### 1. 학설

선행행위와 후행행위가 결합하여 하나의 법률효과를 완성하는 경우에는 선행행위의 하자가 후행행위에 승계되는 반면, 양 행위가 서로 독립하여 별개의 효과를 발생시키는 경우에는 선행행위가 당연무효가 아닌 한 선행행위의 하자가 후행행위에 승계되지 않는다고 하는 하자승계론과 제소기간이 도과하여 불가쟁력이 발생된 행정행위의 하자의 승계가능성은 원칙적으로 부인되어야 하며, 다만 이렇게 선행행위의 위법을 주장할 수 없는 것이 당사자에게 수인한도를 넘는 가혹함을 가져오거나 그 결과가 당사자에게 예측가능한 것이 아닌 경우에는 국민의 권리구제 차원에서 예외적으로 후행행위를 다투면서 선행행위의 위법을 주장할 수 있다는 구속력이론이 있다.

### 2. 판례

선행행위와 후행행위가 결합하여 하나의 법률효과를 완성하는 경우에는 선행행위의 하자가 후행행위에 승계되는 반면, 양 행위가 서로 독립하여 별개의 효과를 발생시키는 경우에는 선행행위가 당연무효가 아닌 한 선행행위의 하자가 후행행위에 승계되지 않으나, 그 경우에도 선행행위에 따른 후행행위가 예측불가능하거나 수인불가능한 경우에는 예외적으로 후행행위를 다투면서 선행행위의 위법을 주장할 수 있다.

### 3. 검토

구속력이론은 행정행위와 판결이 구조적인 차이가 있음에도 불구하고 행정행위에 기판력과 유사한 효력을 인정한다는 점에서 문제가 있고, 하자승계론은 법률효과의 동일성이라는 형식적 기준에만 의존하여 구체적인 경우 불합리한 결과가 나타날 수 있다는 문제가 있다. 국민의 권리구제 차원에서 원칙적으로 하자승계론을 기준으로 하여 하자승계여부를 결정하되 예외적인 경우 후행행위를 다투면서 선행행위의 위법을 주장할 수 있다는 판례가 타당하다.

### 4. 사안의 경우

선행행위인 ○○과 후행행위인 □□는 서로 독립하여 별개의 법률효과를 발생하는 경우에 해당하므로 원칙적으로 선행행위인 ○○의 하자가 후행행위인 □□에 승계된다고 볼 수 없다. 후행행위인 □□는 선행행위인 ○○을 산정의 기초로 하여 발령되는 관계에 있으므로 예측가능하며, 선행행위인 ○○에 대하여 갑이 그 제소기간 내에 다투지 못할 정당한 사유가 있다고 엿보이지 않으므로 수인 역시 가능하다. 선행행위인 ○○의 하자는 후행행위인 □□에 승계되지 아니한다.[78]

---

78) 예측가능성은 막연히 수험생이 보았을 때 예측가능하다는 관계가 아님은 너무나 자명하다. 판례에 의하면 예측가능하다는 것은 선행행위가 발령되면 후행행위가 발령되는 관계에 놓이면 예측이 가능하다고 한다. 수인가능성 역시도 수험생이 보았을 때 수인가능하다는 관계가 아님은 너무나 자명하다. 판례에 의하면 선행행위를 그

## Ⅳ 설문의 해결

갑은 선행행위인 ○○의 하자를 이유로 후행행위인 □□를 다툴 수 없다.

## 제6절 취소소송의 관할법원요건 - 선결문제

### 제1항 부당이득반환청구소송

#### Ⅰ 문제의 소재

행정소송법 제11조 제1항에 의하면, 처분 등의 효력 유무 또는 존재 여부가 민사소송의 선결문제로 되어 당해 민사소송의 수소법원이 이를 심리·판단하는 경우에는 제17조, 제25조, 제26조및 제33조의 규정을 준용한다. 갑은 과세처분에 의하여 이미 납입한 ○○에 대하여 부당이득반환청구소송을 제기하여 승소판결을 받고자 한다. 이와 관련하여 첫째, 부당이득반환청구소송이민사소송의 수소법원이 심리·판단하는 소송인지 문제된다. 둘째, 과세처분이 무효이어서 이미납입한 ○○이 부당이득인지 문제된다.

#### Ⅱ 부당이득반환청구소송이 민사소송의 수소법원이 심리·판단하는 소송인지 여부

#### 1. 학설

부당이득반환청구소송은 공법적 원인에 기인한 소송이므로 공법상 당사자소송이며 행정법원이그 수소법원이 된다는 견해와 부당이득반환청구소송은 민법 제741조에 의한 소송이므로 민사소송이며 민사법원이 그 수소법원이 된다는 견해가 있다.

#### 2. 판례

개발부담금 부과처분이 취소된 이상 그 후의 부당이득으로서의 과오납금 반환에 관한 법률관계는 단순한 민사관계에 불과한 것이고, 행정소송절차에 따라야 하는 관계로 볼 수 없다.[79]

#### 3. 검토

부당이득반환청구권규범이 민법 제741조이므로 사법설과 판례가 타당하다.

#### 4. 사안의 경우

부당이득반환청구소송은 민사소송의 수소법원이 심리·판단하는 소송이다.

---

제소기간 내에 다툴 수 있었음에도 불구하고 다투지 않다가 그 제소기간이 지난 후에 후행행위를 다툰다는 것은그 제소기간 내에 선행행위를 다투지 않은 당사자는 후행행위가 발령되더라도 당연히 수인가능하다고 보았다.이 점이 잘 부각되도록 사안포섭을 하여야 한다.

79) 대판 1995.12.22, 94다51253

## Ⅲ 과세처분이 무효이어서 이미 납입한 ○○이 부당이득인지 여부

### 1. 판례

처분을 원인으로 하여 납부한 금원이 부당이득이려면, 원인된 처분이 무효이어야 한다. 처분이 무효이려면 중대한 법규위반이면서 명백한 법규위반이어야 한다.

### 2. 사안의 경우

○○처분의 하자는 내용상 하자로서 중대한 법규위반이나 명백한 법규위반이 아니어서 취소사유이므로 권한 있는 기관에 의한 효력부인이 없는 한 유효하다. ○○처분에 대해 권한 있는 기관의 취소권 행사가 있었다는 특별한 사정이 엿보이지 않으므로 그 처분은 여전히 유효하다. 국가가 소지한 갑의 ○○은 과세처분이 무효가 아니므로 부당이득이 아니다.

## Ⅳ 설문의 해결

갑이 제기한 부당이득반환청구소송의 수소법원은 제17조, 제25조, 제26조 및 제33조의 규정을 준용하여 ○○처분의 효력 유무를 심리·판단한다. 과세처분의 효력이 위법하나 유효하므로 갑이 제기한 부당이득반환청구소송은 패소판결을 면치 못한다.


## 제2항 국가배상청구소송

## Ⅰ 문제의 소재

행정소송법 제11조 제1항에 의하면, 처분 등의 효력 유무 또는 존재 여부가 민사소송의 선결문제로 되어 당해 민사소송의 수소법원이 이를 심리·판단하는 경우에는 제17조, 제25조, 제26조 및 제33조의 규정을 준용한다. 이와 관련하여 첫째, 국가배상청구소송이 민사소송인지 문제된다. 둘째, ○○처분의 위법 여부가 국가배상청구소송의 선결문제인지 문제된다. 셋째, ○○처분의 위법 여부를 국가배상청구소송의 수소법원이 심리·판단할 수 있는지 문제된다.

## Ⅱ 국가배상청구소송이 민사소송인지 여부

### 1. 학설

국가배상법은 공법적 원인으로 야기되는 배상문제를 규율하고, 행정통제의 기능도 갖는다는 점에서 공법이므로 국가배상법에 의한 국가배상청구권은 공권이고, 따라서 국가배상청구소송은 공법상 당사자소송이며 행정법원이 그 수소법원이 된다는 견해와 국가배상책임은 국가무책임사상의 포기로서 일반불법행위의 한 종류에 불과하다는 점에서 민법의 특별법이므로 국가배상법에 의한 국가배상청구권은 사권이고, 따라서 국가배상청구소송은 민사소송이며 민사법원이 그 수소법원이 된다는 견해가 있다.

## 2. 판례

공무원의 직무상 불법행위로 손해를 받은 국민이 국가 또는 공공단체에 배상을 청구하는 경우 국가 또는 공공단체에 대하여 그의 불법행위를 이유로 손해배상을 구함은 국가배상법이 정한 바에 따른다 하여도 이 역시 민사상의 손해배상책임을 특별법인 국가배상법이 정한 데 불과하다.[80]

## 3. 검토

국가배상법은 민법 제750조의 일반불법행위책임요건 중 가해자 가운데에서 직무상 불법행위로 손해를 가한 공무원만을 대상으로 별도로 배상책임을 정한 데 불과하므로 민사상의 손해배상책임을 특별법인 국가배상법이 정한 데 불과하다고 보는 사법설과 판례가 타당하다.

## 4. 사안의 경우

국가배상청구소송은 민사소송이다.

## Ⅲ ○○처분의 위법 여부가 국가배상청구소송의 선결문제인지 여부

### 1. 학설

취소소송의 대상인 처분의 위법은 일반적으로 행위 자체의 법령에의 합치 여부, 즉 협의의 행위위법으로 보고 있다. 국가배상의 위법개념도 협의의 행위위법이므로 처분의 위법은 국가배상청구소송의 선결문제라는 견해, 국가배상의 위법개념은 결과위법 또는 상대적 위법이므로 국가배상청구소송의 선결문제가 아니라는 견해, 국가배상의 위법개념은 취소소송의 위법개념과 동일하나 광의의 행위위법이므로 처분의 위법은 국가배상청구소송의 선결문제이나, 처분의 적법은 국가배상청구소송의 선결문제가 아니라는 견해가 있다.

### 2. 판례

취소소송의 청구인용판결의 기판력이 국가배상청구소송에 미친다 하더라도 고의·과실을 추정케 하는 것은 아니다.

### 3. 검토

소송의 유형에 따라 위법성의 의미를 달리 보는 결과위법성설이나 상대적 위법성설은 법 개념상의 혼동을 가져온다는 점에서 행위위법설과 판례가 타당하다.

### 4. 사안의 경우

○○처분의 위법은 국가배상청구소송의 선결문제이다.

## Ⅳ ○○처분의 위법 여부를 국가배상청구소송의 수소법원이 심리·판단할 수 있는지 여부

### 1. 학설

공정력은 행정행위의 적법성의 추정을 의미하므로 행정행위에 대한 취소권한이 없는 민사법원은 그 행정행위가 적법하다고 인정하여야 하며, 선결문제에 대하여 규정하고 있는 행정소송법 제11조

---

80) 대판 1972.10.10, 69다701

제1항은 민사법원에 대하여 처분 등의 '효력 유무 또는 존재 여부만'을 선결문제의 심판권한으로 부여하고 있고, 처분의 위법 여부는 취소소송의 수소법원에 전속적 관할이 있어서 위법 여부를 심사할 수 없다는 부정설과 공정력은 법적 안정성의 관점에서 인정된 유효성의 추정이지 행정행위의 적법성을 추정하는 것이 아니며, 행정소송법 제11조는 선결문제 심판권에 대한 예시적 규정에 불과하므로 민사법원이 행정처분의 위법 여부에 대해서 심사할 수 있다는 긍정설이 있다.

## 2. 판례

위법한 행정대집행이 완료되면 그에 대한 무효확인 또는 취소를 구할 소의 이익은 없으나, 그 대집행에 대한 취소판결이 있어야만 그 행정처분의 위법을 이유로 한 손해배상청구를 할 수 있는 것은 아니다.

## 3. 검토

국가배상청구소송에서 선결문제로서 행정행위의 위법성 판단은 행정행위의 효력을 부인하는 것이 아니라 단순한 위법성 확인에 그치는 점, 행정기본법 제15조는 행정행위의 효력을 유효성 추정으로 본다는 점에 비추어보면 처분의 위법 여부를 확인하는 것은 공정력에 반하지 않는다는 견해와 판례가 타당하다.

## 4. 사안의 경우

국가배상청구소송의 수소법원은 ○○처분의 위법 여부를 심리·판단할 수 있다.

## Ⅴ 설문의 해결

갑이 제기한 국가배상청구소송에서 ○○처분의 위법 여부는 선결문제가 되므로 당해 국가배상청구소송의 수소법원은 제17조, 제25조, 제26조 및 제33조의 규정을 준용하여 ○○처분의 위법 여부를 심리·판단한다. 그 결과 처분이 위법하고, 국가배상법 제2조의 나머지 국가배상청구요건이 충족되면 당해 국가배상청구소송의 수소법원은 승소판결을 내릴 수 있다.

## 제3항 형사소송

## Ⅰ 문제의 소재

행정소송법 제11조 제1항에 의하면, 처분 등의 효력 유무 또는 존재 여부가 민사소송의 선결문제로 되어 당해 민사소송의 수소법원이 이를 심리·판단하는 경우에는 제17조, 제25조, 제26조 및 제33조의 규정을 준용한다. 영업정지명령위반죄는 적법한 영업정지명령을 구성요건으로 하므로 영업정지명령의 위법 여부는 영업정지명령위반죄를 다투는 형사소송의 선결문제이다. 이와 관련하여 처분의 위법 여부를 형사법원이 심리·판단할 수 있는지 문제된다.

## Ⅱ 처분의 위법 여부를 형사법원이 심리·판단할 수 있는지 여부

### 1. 학설

처분의 효력 유무는 공정력이 없으므로 어느 법원이나 판단이 가능하다는 점에서 선결문제라는 점에 대해 견해대립이 없으나 처분의 위법 여부에 대해서는 견해가 대립한다. 행정행위의 구성요건적 효력을 적법성 추정으로 보면서 행정행위의 위법성 판단에 대한 항고소송의 배타적 관할 및 행정소송법 제11조를 이유로 처분의 위법 여부는 형사법원의 선결문제가 아니라는 견해와 행정행위의 구성요건적 효력을 통용력으로 보면서 형사법원은 행정행위의 효력을 부인하는 것이 아니라 단지 그 위법성을 심사하는 것이며 행정소송법 제11조는 예시적 규정이라는 이유로 처분의 위법 여부는 형사법원의 선결문제라는 견해가 있다.

### 2. 판례

행정행위가 위법하면 위법한 명령에 따르지 않은 피고인에 대해 무죄판결을 선고한다.

### 3. 검토

행정행위의 위법성 판단은 행정행위의 효력을 부인하는 것이 아니라 단순한 위법성 확인에 그치는 점, 행정기본법 제15조는 행정행위의 효력을 유효성 추정으로 본다는 점에 비추어보면 긍정설과 판례가 타당하다.

### 4. 사안의 경우

처분의 위법 여부를 형사법원이 심리·판단할 수 있다.

## Ⅲ 설문의 해결

형사소송에서 ○○처분의 위법 여부는 선결문제가 되므로 당해 형사소송의 수소법원은 제17조, 제25조, 제26조 및 제33조의 규정을 준용하여 ○○처분의 위법 여부를 심리·판단한다. 그 결과 처분이 위법하면 당해 형사소송의 수소법원은 유·무죄판결을 내릴 수 있다. 처분청의 조치요구에 취소사유가 있으므로 을의 조치요구불응은 조치요구위반이 아니다. 형사법원은 무죄판결을 선고한다.

---

**제 7 절    취소소송의 행정심판전치요건**

## Ⅰ 문제의 소재

행정소송법 제18조 제1항에 의하면 원칙적으로 임의적 전치이나 필수적 전치규정이 있는 때에는 그러하지 아니하다. 다만 제2항과 제3항의 사유가 있으면 재결을 거치지 아니하거나 행정심판의 제기조차 불필요하다. 이와 관련하여 첫째, 다른 법률에 필수적 전치규정이 있는지 문제된다. 둘째, 행정소송법 제18조 제2항과 제3항의 사유가 있어 재결을 거치지 않아도 되는지 문제된다.

## Ⅱ 다른 법률에 필수적 전치규정이 있는지 여부

### 1. 법률규정

### 2. 사안의 경우

○○법 제○○조에 의하면 당해 처분에 대한 행정심판의 재결을 거치지 아니하면 취소소송을 제기할 수 없다. 다른 법률에 필수적 전치규정이 있다.

## Ⅲ 행정소송법 제18조 제2항과 제3항의 사유가 있어 재결을 거치지 않아도 되는지 여부

### 1. 행정소송법 제18조 제2항과 제3항의 사유

행정소송법 제18조 제2항의 사유가 있는 경우 행정심판의 재결을 거치지 아니하고 취소소송을 제기할 수 있으며, 행정소송법 제18조 제3항의 사유가 있는 경우 행정심판을 제기함이 없이 취소소송을 제기할 수 있다.

### 2. 사안의 경우

## Ⅳ 설문의 해결

---

## 제 8 절    취소소송의 가구제

### 제1항   침익적 작위처분취소소송과 가구제

## Ⅰ 문제의 소재

행정소송법(이하 동법이라 함) 제23조에 의하면, 제1항에 집행부정지원칙을 규정하고, 제2항에 그 예외로써 집행정지를 규정하고 있다. 갑은 ○○처분취소소송의 제기와 동시에 ○○처분에 대한 집행정지를 신청하였다. 이와 관련하여 첫째, 갑의 ○○처분취소소송의 제기가 적법한지 문제된다. 둘째, ○○처분으로 인하여 생길 회복하기 어려운 손해를 예방하기 위한 필요가 있는지 문제된다. 셋째, ○○처분으로 인하여 생길 회복하기 어려운 손해를 예방하기 위한 긴급한 필요가 있는지 문제된다. 넷째, ○○처분에 대한 집행정지가 공공복리에 중대한 영향을 미칠 우려가 있는지 문제된다.

## Ⅱ 갑의 ○○처분취소소송의 제기가 적법한지 여부

### 1. 취소소송제기의 적법요건

취소소송의 제기가 적법하려면, 취소소송의 대상이 되는 처분을 대상으로 취소소송의 원고적격, 취소소송의 피고적격, 취소소송의 협의의 소익, 취소소송의 제소기간, 취소소송의 관할법원, 취소소송의 행심전치주의 등 취소소송요건을 충족하여야 한다.

66   PART 02 행정소송 중 항고소송으로서 취소소송

## 2. 사안의 경우

판례는 집행정지신청이 취소소송의 제기 이전만 아니고 취소소송의 제기와 동시에 이루어지더라도 본안청구계속 중이라는 요건을 충족한 것으로 본다.

### Ⅲ ○○처분으로 인하여 생길 회복하기 어려운 손해를 예방하기 위한 필요가 있는지 여부

### 1. 판례

'회복하기 어려운 손해'는 특별한 사정이 없는 한 금전으로 보상할 수 없는 손해로서 금전보상이 불가능한 경우 또는 금전보상으로는 사회관념상 행정처분을 받은 당사자가 참고 견딜 수 없거나 참고 견디기가 현저히 곤란한 경우의 유형, 무형의 손해를 일컫는다.[81]

## 2. 사안의 경우

### Ⅳ ○○처분으로 인하여 생길 회복하기 어려운 손해를 예방하기 위한 긴급한 필요가 있는지 여부

### 1. 판례

'처분 등이나 그 집행 또는 절차의 속행으로 인하여 생길 회복하기 어려운 손해를 예방하기 위하여 긴급한 필요'가 있는지는 처분의 성질, 양태와 내용, 처분상대방이 입는 손해의 성질·내용과 정도, 원상회복·금전배상의 방법과 난이도 등은 물론 본안청구의 승소가능성 정도 등을 종합적으로 고려하여 구체적·개별적으로 판단하여야 한다.[82]

## 2. 사안의 경우

### Ⅴ ○○처분에 대한 집행정지가 공공복리에 중대한 영향을 미칠 우려가 있는지 여부

### 1. 판례

집행정지의 장애사유로서의 '공공복리에 중대한 영향을 미칠 우려'라 함은 일반적·추상적인 공익에 대한 침해의 가능성이 아니라 당해 처분의 집행과 관련된 구체적·개별적인 공익에 중대한 해를 입힐 개연성을 말하는 것으로서 이러한 집행정지의 소극적 요건에 대한 주장·소명책임은 행정청에게 있다.[83]

## 2. 사안의 경우

### Ⅵ 설문의 해결

○○처분에 대한 집행정지가 가능하다. 동법 제23조 제5항에 의하여 집행정지의 결정에 대하여는 처분청이 즉시항고할 수 있다. 이 경우 집행정지의 결정에 대한 즉시항고에는 결정의 집행을

---

81) 대결 2018.7.12, 2018무600

82) 대결 2018.7.12, 2018무600

83) 대결 2004.5.17, 2004무6

정지하는 효력이 없다. 동법 제23조 제6항에 의하여 동법 제30조 제1항의 규정(기속력)은 집행정지의 결정에 이를 준용한다.

### 제2항  수익적 처분에 대한 거부처분취소소송과 가구제

#### Ⅰ 문제의 소재

행정소송법 제23조에 의하면, 제1항에 집행부정지원칙을 규정하고, 제2항에 그 예외로써 집행정지를 규정하고 있다. 이와 관련하여 첫째, ○○거부처분으로 인하여 생길 회복하기 어려운 손해를 예방할 긴급한 필요성이 있는지 문제된다. 둘째, ○○거부처분에 대하여 행정소송법 제8조 제2항에 의하여 민사집행법 제300조 제2항이 준용될 수 있는지 문제된다.

#### Ⅱ ○○거부처분으로 인하여 생길 회복하기 어려운 손해를 예방할 긴급한 필요성이 있는지 여부

**1. 학설과 판례**

수익적 처분의 거부에 대하여 행정소송법 제23조의 집행정지가 가능하다는 견해와 불가능하다는 견해가 있다. 판례에 의하면 수익적 처분의 거부만으로는 권익이 발생하지 않아 집행정지의 이익이 없어 집행정지의 대상이 없다.

**2. 검토 및 사안의 경우**

수익적 처분의 거부만으로는 회복하기 어려운 손해 자체가 없다고 보아야 할 것이어서 집행정지가 불가능하다는 견해와 판례가 타당하다. ○○거부처분으로 인하여 생길 회복하기 어려운 손해를 예방할 긴급한 필요성이 있지 않다.

#### Ⅲ ○○거부처분에 대하여 행정소송법 제8조 제2항에 의하여 민사집행법 제300조 제2항이 준용될 수 있는지 여부

**1. 학설과 판례**

민사집행법 제300조 제2항의 준용과 관련하여 준용긍정설과 준용부정설이 있으나 판례에 의하면 가처분은 민사소송의 본안판결의 실효성을 확보하는 제도이므로 그 성질이 다른 항고소송인 취소소송에 준용할 수 없다.

**2. 검토 및 사안의 경우**

취소소송은 처분의 위법성을 확인하여 처분을 취소하는 공익소송이므로 그 성질상 민사소송의 판결의 실효성을 미리 확보하는 민사집행법 제300조 제2항을 준용할 수 없다는 견해와 판례가 타당하다. ○○거부처분에 대하여 민사집행법 제300조 제2항의 가처분규정을 준용할 수 없다.

#### Ⅳ 설문의 해결

○○거부처분에 대해서는 행정소송법상 강구할 수 있는 가구제 수단이 없다.

# 02 | 취소소송의 본안의 심리[84)]

## Ⓘ 문제의 소재

행정소송법 제26조에 의하면 법원은 필요하다고 인정할 때에는 직권으로 증거조사를 할 수 있고, 당사자가 주장하지 아니한 사실에 대하여도 판단할 수 있다. 심리란 본안에서 행하는 소송자료의 수집을 말한다. 수집되는 소송자료는 사실자료와 증거자료이다. 민사소송의 본안심리는, 사실자료는 주장책임을 통하여 증거자료는 입증책임을 통하여 법원에 수집된다. 이와 관련하여 첫째, ○○사실에 대한 주장책임의 소재가 문제된다. 둘째, 법원은 원고(피고)가 주장하지 아니한 ○○사실에 대해서도 판단할 수 있는지 문제된다.

## Ⓘ ○○사실에 대한 주장책임의 소재

### 1. 학설

항고소송에서 누가 주장·입증책임을 지느냐와 관련하여 항고소송과 민사소송은 성질이 다르다는 전제에서 원고책임설, 피고책임설이 있고, 본질에 있어서는 동일하다는 전제에서 법률요건분류설, 독자분배설 등이 있다.

### 2. 판례

민사소송법의 규정이 준용되는 행정소송에 있어서 입증책임은 원칙적으로 민사소송의 일반원칙에 따라 당사자 간에 분배되고, 항고소송의 경우에는 그 특성에 따라 당해 처분의 적법을 주장하는 피고에게 그 적법사유에 대한 입증책임이 있다. 따라서 피고가 주장하는 당해 처분의 적법성이 합리적으로 수긍할 수 있는 일응의 입증이 있는 경우에는 그 처분은 정당하다 할 것이며 이와 상반되는 주장과 입증은 그 상대방인 원고에게 그 책임이 돌아간다.

### 3. 검토

원고책임설은 공정력이란 사실상 통용력이란 점에서, 피고책임설은 입증이 곤란한 경우 피고에게만 패소의 책임을 묻는다는 점에서, 독자분배설은 단지 법률요건분류설을 유형적으로 바꾸어 놓은 결과 그 실질에 있어서 법률요건분류설과 동일하다는 점에서 법률요건분류설을 원칙으로 하되 항고소송의 특성을 고려하는 판례가 타당하다.

---

84) 이 부분은 준사례형으로만 출제가 가능하다. 전체의 논리흐름의 부분테마로 학습하는 지점이 아니다. 독립적인 논리로 하나의 테마를 완전하게 익혀야 한다. 이에는 변/주/입/직/위/처/경/관/참/변/병의 11개의 독립테마가 있다.

## 4. 사안의 경우

○○사실에 대한 주장책임은 원고(피고)에게 있다.

## Ⅲ 법원은 원고(피고)가 주장하지 아니한 ○○사실에 대해서도 판단할 수 있는지 여부

### 1. 학설

당사자가 주장하지 아니한 사실은 심판의 대상이 될 수 없고, 당사자가 주장한 사실에 대해 당사자의 입증활동이 불충분하여 법원이 심증을 얻기 어려운 경우 직권으로 증거조사가 가능하다는 변론주의보충설과 직권증거조사 외에 일정한 한도 내에서 사실관계에 관한 직권탐지도 가능하다는 직권탐지주의보충설, 그리고 취소소송은 행정의 적법성 통제의 측면과 확정판결의 대세효, 행정소송법 제26조의 법문언 때문에 당사자가 주장하지 아니한 사실에 대하여도 제한 없이 직권탐지가 가능하다는 직권탐지주의설이 있다.

### 2. 판례

행정소송법 제26조는 "법원은 필요하다고 인정할 때에는 직권으로 증거조사를 할 수 있고, 당사자가 주장하지 아니한 사실에 대하여도 판단할 수 있다."고 하여, 행정소송에서는 직권심리주의가 적용되도록 하고 있으므로, 법원으로서는 일건 기록상 현출되어 있는 사항에 관하여 직권으로 증거조사를 하고 이를 기초로 하여 판단할 수 있다.[85]

### 3. 검토

행정소송법 제26조는 소송자료에 대한 책임을 일차적으로 당사자에게 인정하면서 동시에 공익을 고려하여 직권으로 탐지할 수 있다고 하고 있으나, 심리의 대원칙인 변론주의를 배제하는 것은 아니어서 직권탐지주의보충설과 판례가 타당하다.

### 4. 사안의 경우

일건 기록이란 원고가 주장하지 아니하였으나 원고가 주장한 위법사유에 포함되는 사유이거나 원고의 위법사유를 탄핵하는 반론으로서 피고가 주장하여야 할 적법사유이다. 원고(피고)가 주장하지 아니한 ○○사실은 일건 기록이다(아니다).

## Ⅳ 설문의 해결[86]

원고(피고)가 주장하지 아니한 ○○사실은 일건 기록이므로(아니므로) 취소소송의 수소법원은 직권으로 ○○사실을 바탕으로 직권증거조사가 가능하다(하지 않다). 그럼에도 여전히 심증의 형성이 어려운 경우에는 변론주의 원칙으로 돌아가 입증책임에 의해 소송을 처리한다.

---

85) 대판 2013.8.22, 2011두26589

86) 교수님들의 교재에 언급된 구체적 검토들과 석명권의 행사 등을 적절하게 써야 한다. 그래서 2차 수험생이라면 글쓰기 능력이 기본으로 갖추어져 있어야 한다.

## 제 2 절  처분의 위법성 판단의 기준시

### type 1  행정기본법 제14조 제1항

#### Ⅰ 문제의 소재

행정기본법 제14조는 처분시법주의를 규정하고 있다. 처분 근거가 된 처분시의 법령이 처분시 이후에 개정되거나 폐지되었다. 이와 관련하여 처분시법에 의한 처분이 개정된 법에 의하여 위법하게 되는지 문제된다.

#### Ⅱ 처분시법에 의한 처분이 개정된 법에 의하여 위법하게 되는지 여부

#### 1. 학설

행정소송법 제4조 제1호에 규정된 취소소송에 의한 판결이 무엇을 목적으로 하는가와 관련하여 취소소송에 의한 판결의 목적을 처분에 계속적으로 효력을 부여할 것인가로 보아 위법하게 된다는 판결시설, 취소소송에 의한 판결의 목적은 처분시의 법령에 의하여 법원의 사후심사를 외부적으로 표시하는 것으로 보아 적법하다는 처분시설, 원칙적으로 적법하다는 처분시설을 취하면서 예외적으로 영업허가의 취소와 같은 계속효 있는 행위의 경우에는 위법하게 된다는 판결시설을 취하는 절충설이 있다.

#### 2. 판례

행정소송에서 행정처분의 위법 여부는 행정처분이 있을 때의 법령과 사실상태를 기준으로 하여 판단하여야 하므로 이 사건 처분은 그 처분 당시의 법령과 사실상태를 기준으로 판단할 때 적법하다고 할 것이고, 이 사건 처분 이후의 사실상태의 변동으로 인하여 처분 당시 적법하였던 이 사건 처분이 다시 위법하게 되는 것은 아니라고 할 것이다.[87]

#### 3. 검토

판결시설은 판결의 지체 여하에 따라서 판결의 내용도 달라질 수 있다는 점과 행정소송의 본질은 개인의 권익구제에 중점을 두고 있다는 점에서 처분시기준설과 판례가 타당하다. 다만, 부작위위법확인소송 및 사정판결과 당사자소송의 경우에는 판결시가 기준이 된다.

#### 4. 사안의 경우

처분시의 법령에 따라 위법 여부를 판단하여야 할 것이다. 처분시법에 의한 처분이 개정된 법에 의하여 위법하게 되는 것은 아니다.

#### Ⅲ 설문의 해결

처분 근거가 된 처분시의 법령이 처분시 이후에 개정되거나 폐지된 경우 위법성 판단기준으로 법원은 처분시 법령에 의한다.

---

87) 대판 2014.10.30, 2012두25125

## type 2 | 행정기본법 제14조 제2항

### Ⅰ 문제의 소재

행정기본법 제14조 제2항에 의하면 당사자의 신청에 따른 처분은 법령 등에 특별한 규정이 있거나 처분 당시의 법령 등을 적용하기 곤란한 특별한 사정이 있는 경우를 제외하고는 처분 당시의 법령 등에 따른다. 법령 등에 특별한 규정이 있다는 특별한 사정이 엿보이지 않는다. A군의 군수는 개정된 법령에 따라 당사자의 신청에 따른 처분을 거부할 수 있는가와 관련하여 첫째, 당사자의 신청에 따른 처분에 처분 당시의 법령 등을 적용하기 곤란한 특별한 사정이 있는지 문제된다. 둘째, A군의 군수의 개정된 법령에 따른 당사자의 신청에 따른 처분에 대한 거부는 신청시 법령에 대한 甲의 신뢰를 침해하는지 문제된다.

### Ⅱ 당사자의 신청에 따른 처분에 처분 당시의 법령 등을 적용하기 곤란한 특별한 사정이 있는지 여부

#### 1. 판례

허가 등의 행정처분은 원칙적으로 처분시의 법령과 허가기준에 의하여 처리되어야 하고 허가신청 당시의 기준에 따라야 하는 것은 아니며, 비록 허가신청 후 허가기준이 변경되었다 하더라도 그 허가관청이 허가신청을 수리하고도 정당한 이유 없이 그 처리를 늦추어 그 사이에 허가기준이 변경된 것이 아닌 이상 변경된 허가기준에 따라서 처분을 하여야 한다.

#### 2. 사안의 경우

### Ⅲ A군의 군수의 개정된 법령에 따른 당사자의 신청에 따른 처분에 대한 거부는 신청시 법령에 대한 甲의 신뢰를 침해하는지 여부

#### 1. 판례

개정법령은 부진정소급입법에 해당한다. 부진정소급입법에 있어서 구 법률의 존속에 대한 당사자의 신뢰가 합리적이고도 정당하며, 법률의 개정으로 야기되는 당사자의 손해 내지 이익 침해가 극심하여 새로운 법률로 달성하고자 하는 공익적 목적이 그러한 신뢰의 파괴를 정당화할 수 없다면, 입법자는 경과규정을 두는 등 당사자의 신뢰를 보호할 적절한 조치를 하여야 하며, 이와 같은 적절한 조치 없이 새 법률을 그대로 시행하거나 적용하는 것은 허용될 수 없다.

#### 2. 사안의 경우

### Ⅳ 설문의 해결

A군의 군수는 개정된 법령에 따라 건축허가를 거부할 수는 있지만, 경과규정을 두거나 甲에게 미흡한 요건보완기회를 부여하는 등 甲의 신뢰를 보호할 적절한 조치를 한 다음에 가능하다.

### type 3  행정기본법 제14조 제3항

#### ① 문제의 소재

행정기본법 제14조 제3항 본문에 의하면 법령 등을 위반한 행위의 성립과 이에 대한 제재처분은 법령 등에 특별한 규정이 있는 경우를 제외하고는 법령 등을 위반한 행위 당시의 법령 등에 따른다. 을의 주장의 당부와 관련하여 첫째, A구청장은 보조금 지급 당시의 법령의 규정에 따라 원칙적으로 6개월의 운영정지를 하여야 하는지 문제된다. 둘째, A구청장은 변경된 법령의 규정에 따라 예외적으로 3개월의 운영정지를 하여야 하는지 문제된다.

#### ② A구청장은 보조금 지급 당시의 법령의 규정에 따라 원칙적으로 6개월의 운영정지를 하여야 하는지 여부

##### 1. 판례

위반행위를 이유로 한 행정상의 제재처분(행위 당시에는 필요적 취소사유)을 하려면 그 위반행위 이후 법령의 변경에 의하여 처분의 종류를 달리(영업정지사유로) 규정하였다 하더라도 그 법률적용에 관한 특별한 규정이 없다면 위반행위 당시에 시행되던 법령을 근거로 처분을 하여야 마땅하다.[88]

##### 2. 사안의 경우

#### ③ A구청장은 변경된 법령의 규정에 따라 예외적으로 3개월의 운영정지를 하여야 하는지 여부

##### 1. 법률규정

행정기본법 제14조 제3항 단서에 의하면 법령 등을 위반한 행위 후 법령 등의 변경에 의하여 그 행위가 법령 등을 위반한 행위에 해당하지 아니하거나 제재처분 기준이 가벼워진 경우로서 해당 법령 등에 특별한 규정이 없는 경우에는 변경된 법령 등을 적용한다.

##### 2. 사안의 경우

#### ④ 설문의 해결

을의 주장은 타당하다.

---

88) 대판 1983.12.13, 83누383

## 제3절 　처분사유의 추가·변경제도

### Ⅰ 문제의 소재

처분사유의 추가·변경이란 처분시에는 이유로 제시되지 않았던 사실상 또는 법률상의 근거를 사후에 행정소송절차에서 행정청이 새로이 제출하거나 법원이 직권으로 회부하여 처분의 위법성 판단에 고려하는 것을 말한다.[89] 처분청은 사실심에서 ○○사유를 추가하고자 한다. 행정소송법은 처분사유의 추가·변경에 대해 아무런 규정을 두고 있지 않다. 이와 관련하여 첫째, 처분사유의 추가·변경이 인정되는지 문제된다. 둘째, 추가되는 ○○사유가 취소소송의 대상이 되는 △△처분의 처분사유와 기본적 사실관계가 동일하다고 인정되는 한도 내에 있는지 문제된다.

### Ⅱ 처분사유의 추가·변경이 인정되는지 여부

#### 1. 학설

처분이유의 사후변경은 처분의 상대방에게 예기하지 못한 불이익을 가져올 수 있으므로 인정될 수 없다는 부정설, 처분이유의 사후변경을 부정한다고 하여도 행정청은 다른 사유로 재처분을 할 수 있으므로 처분이유의 사후변경을 부정할 실익이 없다는 긍정설, 처분의 상대방의 보호와 소송경제의 요청을 고려할 때, 제한적인 범위 내에서 처분이유의 사후변경이 인정되어야 한다는 제한적 긍정설이 있다.

#### 2. 판례

당초처분의 근거로 삼은 사유와 기본적 사실관계가 동일하다고 인정되는 한도 내에서만 다른 처분사유를 새로 추가하거나 변경할 수 있다.[90]

#### 3. 검토

분쟁의 일회적 해결이라는 요청 및 원고의 방어권 보장과 신뢰보호의 요청의 조화라는 관점에서 제한적 긍정설과 판례가 타당하다.

#### 4. 사안의 경우

당초처분의 근거로 삼은 사유와 기본적 사실관계가 동일하다고 인정되는 한도 내에서 ○○사유의 추가(변경)가 인정된다.

### Ⅲ 추가되는 ○○사유가 취소소송의 대상이 되는 △△처분의 처분사유와 기본적 사실관계가 동일하다고 인정되는 한도 내에 있는지 여부

#### 1. 판례

기본적 사실관계의 동일성 유무는 처분사유를 법률적으로 평가하기 이전의 구체적인 사실에 착안하여 그 기초가 되는 사회적 사실관계가 기본적인 점에서 동일한지의 여부에 따라 결정해야

---

89) 〈두문자암기 : 처제사법, 사제직회〉

90) 대판 2003.12.11, 2001두8827

하며, 구체적으로 보면 그 판단은 시간적·장소적 근접성, 행위 태양, 결과 등의 제반사정을 종합적으로 고려해야 한다. 처분 당시의 사실을 변경하지 않은 채 처분의 근거법령만을 추가·변경하여 그 취지가 유사한 경우이거나, 당초의 처분사유를 구체화하여 그 내용이 공통되는 경우에는 기본적 사실관계의 동일성이 있다.

## 2. 사안의 경우

추가되는 ○○사유는 취소소송의 대상이 되는 △△처분의 처분사유와 기본적 사실관계가 동일하다고 인정되는 한도 내에 있다(혹은 없다).

## Ⅳ 설문의 해결

법원은 추가되는 처분사유를 근거로 심리하고 그러한 처분사유가 존재하면 원고의 청구를 기각하여야 한다. (OR 법원은 당초의 처분사유만을 근거로 심리하고 그러한 처분사유가 존재하지 않는다면 원고의 청구를 인용하여야 한다.)

---

제 4 절　소송의 당사자가 아닌 제3자 보호제도[제3자의 소송참가와 제3자에 의한 재심청구]

## Ⅰ 문제의 소재

병은 갑이 제기한 ○○취소소송의 당사자가 아닌 제3자이다. 병은 ○○처분의 직접 상대방으로서 행정소송법(이하 동법이라 함) 제29조에 의해 ○○처분 취소인용판결의 침익적 효력이 미치는 제3자이다. 동법상 취소소송절차에서 당해 인용판결의 침익적 효력이 미치는 제3자를 보호할 수 있는 방법은 당해 인용판결이 나오기 전 제3자의 소송참가와 당해 인용판결이 나온 후 제3자에 의한 재심청구이다. 이와 관련하여 첫째, 병이 제3자의 소송참가를 할 수 있는지 문제된다. 둘째, 병이 제3자에 의한 재심청구를 할 수 있는지 문제된다.

## Ⅱ 병이 제3자의 소송참가를 할 수 있는지 여부

### 1. 문제의 소재

동법 제16조 제1항에 의하면, 법원은 소송의 결과에 따라 권리 또는 이익의 침해를 받을 제3자가 있는 경우에는 당사자 또는 제3자의 신청 또는 직권에 의하여 결정으로써 그 제3자를 소송에 참가시킬 수 있다. 이와 관련하여 병이 ○○취소소송의 결과에 따라 권리 또는 이익의 침해를 받을 제3자인지 문제된다.

### 2. 병이 ○○취소소송의 결과에 따라 권리 또는 이익의 침해를 받을 제3자인지 여부

#### (1) 판례

소송의 결과에 따라 권리 또는 이익의 침해를 받는다는 것은 취소판결의 결과 판결의 주문에 의하여 직접 자기의 법률상 이익이 침해될 개연성이 있는 것을 말한다. 취소판결의 형성력 자체[91])에 의하여 직접 자신의 법률상 이익을 침해받는 경우 외에도 취소판결의 기속력[92]) 때문에 이루어지는 행정청의 새로운 처분에 의해서 법률상 이익을 침해받는 경우도 법률상 이익을 침해받는 경우에 해당한다.

### (2) 사안의 경우

병은 자신에게 발령된 수익적 처분인 ○○을 상대로 제기한 갑의 ○○취소소송이 인용된다면, 취소판결의 형성력 자체에 의하여 직접 자신의 법률상 이익을 침해받게 될 개연성이 있는 자이다. 병은 ○○취소판결의 결과 판결의 주문에 의하여 직접 자기의 법률상 이익을 침해받는 자이어서 '소송의 결과'에 따라 권리 또는 이익의 침해를 받는 제3자이다.

## 3. 소결

병은 제3자의 소송참가가 가능하므로 갑이 제기한 ○○취소소송의 수소법원은 당사자인 갑 또는 제3자의 신청 또는 직권에 의하여 결정으로써 병을 ○○취소소송에 참가시킬 수 있다. 동법 제16조 제2항에 의하면 법원이 병의 소송참가결정을 하고자 할 때에는 미리 당사자로서 원고인 갑과 행정청인 을 및 제3자인 병의 의견을 들어야 한다. 동법 제16조 제4항에 의하면 ○○취소소송에 참가한 병에 대하여는 민사소송법 제67조의 규정을 준용하므로 병의 소송상 지위는 강학상 공동소송적 보조참가자이다. 동법 제16조 제3항에 의하면 소송참가신청을 한 병은 그 신청을 각하한 결정에 대하여 즉시항고할 수 있다.[93])

## Ⅲ 병이 제3자에 의한 재심청구를 할 수 있는지 여부

## 1. 문제의 소재

동법 제31조 제1항에 의하면, 처분 등을 취소하는 판결에 의하여 권리 또는 이익의 침해를 받은 제3자는 자기에게 책임 없는 사유로 소송에 참가하지 못함으로써 판결의 결과에 영향을 미칠 공격 또는 방어방법을 제출하지 못한 때에는 이를 이유로 확정된 종국판결에 대하여 재심의 청구를 할 수 있다. 이와 관련하여 첫째, 병이 ○○처분을 취소하는 판결에 의하여 권리 또는 이익의 침해를 받은 제3자인지 문제된다. 둘째, 병이 자기에게 책임 없는 사유로 ○○취소소송에 참가하지 못함으로써 판결의 결과에 영향을 미칠 공격 또는 방어방법을 제출하지 못하였는지 문제된다.

## 2. 병이 ○○처분을 취소하는 판결에 의하여 권리 또는 이익의 침해를 받은 제3자인지 여부

### (1) 판례

소송의 결과에 따라 권리 또는 이익의 침해를 받는다는 것은 취소판결의 결과 판결의 주문에 의하여 직접 자기의 법률상 이익이 침해된 것을 말한다.

### (2) 사안의 경우

---

91) 제3자가 제기한 취소판결에서 수익적 처분의 취소인용판결의 형성력

92) 수익적 처분의 거부처분인용판결의 기속력인 재처분의무에 따른 재처분

93) 설문의 해결에서 법률규정을 쓸 때에는 법률규정을 그대로 보고 베끼지 말고, 각 명사에 어울리는 것들을 제시문에서 찾아 제시문의 표현을 쓰도록 한다. 그렇게 함으로써 답안의 구체성을 높이게 된다.

**3. 병이 자기에게 책임 없는 사유로 ○○취소소송에 참가하지 못함으로써 판결의 결과에 영향을 미칠 공격 또는 방어방법을 제출하지 못하였는지 여부**

(1) 판례

'자기에게 책임 없는 사유'의 판단과 관련하여 제3자가 종전 소송의 계속을 알지 못한 경우에는 그것이 통상인으로서 일반적 주의를 다하였어도 알기 어려웠다는 것과 소송의 계속을 알고 있었던 경우에는 당해 소송에 참가를 할 수 없었던 특별한 사정이 있었을 것을 필요로 하며, 이에 대한 입증책임은 그러한 사유를 주장하는 제3자에게 있다.

(2) 사안의 경우

**4. 소결**

○○취소소송의 제3자로서 재심청구가 가능한 병은 동법 제31조 제2항에 의하여 확정판결이 있음을 안 날로부터 30일 이내, 판결이 확정된 날로부터 1년 이내에 제기하여야 한다. 이 기간은 동법 제31조 제3항에 의하여 불변기간이다.

Ⅳ **설문의 해결**

---

제**5**절   소변경제도

Ⅰ **문제의 소재**

행정소송법 제37조에 의하여 준용하는 행정소송법 제21조 제1항에 의하면, 법원은 취소소송을 당해 처분 등에 관계되는 사무가 귀속하는 국가 또는 공공단체에 대한 당사자소송 또는 취소소송 외의 항고소송으로 변경하는 것이 상당하다고 인정할 때에는 청구의 기초에 변경이 없는 한 사실심의 변론종결시까지 원고의 신청에 의하여 결정으로써 소의 변경을 허가할 수 있다. ○○처분부작위위법확인소송의 본안심리단계에서 처분청이 ○○거부처분을 하였다. 이와 관련하여 첫째, ○○거부처분취소소송의 제기가 적법한지 문제된다. 둘째, 행정소송법 제37조에 의하여 소변경이 가능한지 문제된다.

Ⅱ **○○거부처분취소소송의 제기가 적법한지 여부**

**1. 판례**

당사자가 동일한 신청에 대하여 부작위위법확인의 소를 제기하였으나 그 후 소극적 처분이 있다고 보아 처분취소소송으로 소를 교환적으로 변경한 후 여기에 부작위위법확인의 소를 추가적으로 병합한 경우, 최초의 부작위위법확인의 소가 적법한 제소기간 내에 제기된 이상 그 후 처분취소소송으로의 교환적 변경과 처분취소소송에의 추가적 변경 등의 과정을 거쳤다고 하더라도 여전히 제소기간을 준수한 것으로 봄이 상당하다.[94]

## 2. 사안의 경우

## Ⅲ 행정소송법 제37조에 의하여 소변경이 가능한지 여부

### 1. 학설

행정소송법 제37조의 취지는 행정소송 간에 소의 종류를 잘못 선택할 위험을 구제하기 위한 것이므로 부작위에서 행정청의 거부처분으로 그 대상이 변한 경우에는 행정소송법 제37조가 적용되지 않는다는 견해와 입법의 불비이므로 행정소송법 제37조를 적용하여 그 위험을 구제해야 한다는 견해가 있다.

### 2. 판례

부작위위법확인소송의 취소소송에 대한 보충적 성격에 비추어 동일한 신청에 대한 거부처분의 취소를 구하는 취소소송에는 특단의 사정이 없는 한 그 신청에 대한 부작위위법의 확인을 구하는 취지도 포함되어 있다고 볼 수 있고, 부작위위법확인소송에서 취소소송으로 소송의 종류를 변경하는 데 불과하다.

### 3. 검토

행정소송법 제37조가 적용되지 않는다면 소송경제상 불합리하다는 점에서 행정소송법 제37조를 적용하는 견해와 판례가 타당하다.

### 4. 사안의 경우

## Ⅳ 설문의 해결

부작위위법확인소송을 거부처분취소소송으로 소변경이 가능하다. 이에 대해서 행정소송법 제22조를 준용하는 입법이 필요하다는 견해도 있다.

## 제6절  청구병합제도

## Ⅰ 문제의 소재

복수의 소송이 병합되려면, 각 소송마다 당해 소송의 제기가 적법하여야 하고, 병합될 수 있는 관계에 있어야 한다. 甲의 2개월 영업정지처분취소소송과 그 처분으로 인한 영업 손해에 대한

---

94) 대판 2009.7.23, 2008두10560

国가배상청구소송이 병합될 수 있는지와 관련하여 첫째, 2개월 영업정지처분취소소송의 소제기가 적법한지 문제된다. 둘째, 2개월 영업정지처분취소소송과 그 처분으로 인한 영업 손해에 대한 국가배상청구소송이 병합될 수 있는 관계에 있는지 문제된다.

국가배상청구소송이 병합될 수 있는지와 관련하여 첫째, 2개월 영업정지처분취소소송의 소제기가 적법한지 문제된다. 둘째, 2개월 영업정지처분취소소송과 그 처분으로 인한 영업 손해에 대한 국가배상청구소송이 병합될 수 있는 관계에 있는지 문제된다.

국가배상청구소송이 병합될 수 있는지와 관련하여 첫째, 2개월 영업정지처분취소소송의 소제기가 적법한지 문제된다. 둘째, 2개월 영업정지처분취소소송과 그 처분으로 인한 영업 손해에 대한 국가배상청구소송이 병합될 수 있는 관계에 있는지 문제된다.

국가배상청구소송이 병합될 수 있는지와 관련하여 첫째, 2개월 영업정지처분취소소송의 소제기가 적법한지 문제된다. 둘째, 2개월 영업정지처분취소소송과 그 처분으로 인한 영업 손해에 대한 국가배상청구소송이 병합될 수 있는 관계에 있는지 문제된다.

## Ⅱ 2개월 영업정지처분취소소송의 소제기가 적법한지 여부

### 1. 취소소송의 소제기 적법요건

취소소송의 제기가 적법하려면, 취소소송의 대상이 되는 처분을 대상으로, 취소소송의 원고적격, 취소소송의 피고적격, 취소소송의 협의의 소익, 취소소송의 제소기간, 취소소송의 관할법원, 취소소송의 행정심판전치 등의 취소소송요건을 충족하여야 한다.

### 2. 사안의 경우

## Ⅲ 2개월 영업정지처분취소소송과 그 처분으로 인한 영업 손해에 대한 국가배상청구소송이 병합될 수 있는 관계에 있는지 여부

### 1. 법률규정

행정소송법 제10조 제1항에 의하면 취소소송과 다음 각 호의 1에 해당하는 소송(1. 당해 처분 등과 관련되는 손해배상·부당이득반환·원상회복 등 청구소송, 2. 당해 처분 등과 관련되는 취소소송. 이하 "관련청구소송"이라 한다)이 각각 다른 법원에 계속되고 있는 경우에 관련청구소송이 계속된 법원이 상당하다고 인정하는 때에는 당사자의 신청 또는 직권에 의하여 이를 취소소송이 계속된 법원으로 이송할 수 있다.

### 2. 사안의 경우

## Ⅳ 설문의 해결

CHAPTER 02 취소소송의 본안의 심리  79

# 03 | 본안판결의 형식과 확정판결의 효력[95]

## 제1절 일부취소인용판결

### Ⅰ 문제의 소재

행정소송법(이하 동법이라 함) 제4조 제1호에 의하면 취소소송은 행정청의 위법한 처분 등을 취소 또는 변경하는 소송이다. 300만원 이상의 과징금부과처분은 위법하다. 이와 관련하여 첫째, 동법 제4조 제1호의 '변경'이 일부취소인용판결의 근거인지 문제된다. 둘째, 최고한도액인 300만원을 초과한 500만원 과징금부과처분이 위법하다고 인정하는 경우 법원이 그 일부에 대해서만 취소인용판결을 할 수 있는지 문제된다.

### Ⅱ 동법 제4조 제1호의 '변경'이 일부취소인용판결의 근거인지 여부

#### 1. 학설과 판례

동법 제4조 제1호의 '취소'는 처분의 전부취소를 의미한다는 것이 일반적인 견해이다.[96] 문제는 '변경'이 소극적 변경으로서 일부취소만을 의미하는 것인지 아니면 적극적 변경도 포함하는 것인지에 대하여 형식적 권력분립의 관점에서 취소소송에서의 '변경'을 소극적 변경으로서의 일부취소로 보는 것이 타당하다는 일부취소설과 권력분립의 원칙을 실질적으로 이해하면 법원이 위법한 처분을 취소하고 새로운 처분을 내용으로 하는 판결을 하는 것도 가능하다고 보는 적극적 변경설이 있다. 판례는 행정소송법 제4조 제1호의 '변경'을 소극적 변경, 즉 일부취소를 의미하는 것으로 보고 있다.

#### 2. 검토 및 사안의 경우

적극적 변경판결은 법원이 처분권한을 행사하는 것과 같은 결과를 가져오므로 명문의 규정이 없는 한 처분내용을 적극적으로 변경하는 판결을 인정하지 않는 것이 타당하므로 일부취소설과 판례가 타당하다. 동법 제4조 제1호의 변경은 일부취소인용판결의 근거이다.

### Ⅲ 최고한도액인 300만원을 초과한 500만원 과징금부과처분이 위법하다고 인정하는 경우 법원이 그 일부에 대해서만 취소인용판결을 할 수 있는지 여부

#### 1. 판례

외형상 하나의 행정처분이라 하더라도 가분성이 있거나 그 처분대상의 일부가 특정될 수 있다면 그 일부만의 취소도 가능하다.

---

95) 학습할 주제들 : 일부취소인용판결, 사정판결, 기판력, 대세효와 제3자의 소송참가제도 및 제3자의 재심청구제도, 기속력과 간접강제

96) 행정심판법 제5조 제1호의 '변경'은 적극적인 유리한 변경을 뜻하며, '취소'는 전부취소와 일부취소 모두를 포함하는 것으로 이해하는 것이 일반적 견해임을 비교하여 알아둔다.

## 2. 사안의 경우

가분성이 있는 행정처분은 기속행위이다. 어떤 처분이 기속행위인지 재량행위인지 구분은 당해 처분의 근거가 된 법규의 체제·형식·그 문언, 당해 행위가 행해진 행정 분야의 주된 목적과 특성, 당해 행위의 개별적 성질과 유형 등을 모두 고려하여 판단한다. 과징금부과처분은 근거법규의 문언상 재량행위임이 분명하다. 과징금부과처분은 그 성질상 가분성이 없다. 과징금부과처분의 일부가 특정될 수 있다는 특별한 사정도 엿보이지 않는다. 관할법원은 최고한도액인 300만원을 초과한 500만원 과징금부과처분이 위법하더라도 그 일부에 대해서만 취소인용판결을 할 수 없다.

## Ⅳ 설문의 해결

관할법원은 500만원 과징금부과처분에 대해 일부취소인용판결을 할 수 없다.[97]

---

## 제 2 절    사정판결

## Ⅰ 문제의 소재

행정소송법 제28조 제1항 전단에 의하면, 원고의 청구가 이유 있다고 인정하는 경우에도 처분 등을 취소하는 것이 현저히 공공복리에 적합하지 아니하다고 인정하는 때에는 법원은 원고의 청구를 기각할 수 있다. 사정판결이 필요한가의 판단의 기준시는 판결시점이다. 취소소송의 대상인 ○○처분은 위법하므로 갑의 청구는 이유 있다. 이와 관련하여 첫째, 처분청 을의 사정판결을 구하는 신청이 없어도 법원이 직권으로 사정판결을 할 수 있는지 문제된다. 둘째, ○○처분을 취소하는 것이 현저히 공공복리에 적합하지 아니하다고 인정할 수 있는지 문제된다.

## Ⅱ 처분청 을의 사정판결을 구하는 신청이 없어도 법원이 직권으로 사정판결을 할 수 있는지 여부

## 1. 학설

행정소송법 제26조를 적용하여 직권으로 사정판결을 할 수 있다는 긍정설과 행정소송법 제26조를 적용하지 못하며 행정소송법 제8조 제2항에 의하여 변론주의가 적용되므로 직권으로 할 수 없다는 부정설, 그리고 기록에 나타난 여러 사정을 기초로 직권으로 사정판결을 할 수 있다는 제한적 긍정설이 있다.

## 2. 판례

행정소송법 제26조를 근거로 당사자의 명백한 주장이 없는 경우에도 기록에 나타난 여러 사정을 기초로 직권으로 사정판결할 수 있다.

---

97) 관할법원은 500만원 과징금부과처분 전부취소를 한 다음 처분청이 재량권을 행사하여 다시 적정한 처분을 하도록 하여야 할 것이다.

### 3. 검토

행정소송법 제28조 제1항의 법문언과 본안에 관한 적용법조인 같은 법 제26조에 의하여 긍정설과 판례가 타당하다.

### 4. 사안의 경우

처분청 을의 사정판결을 구하는 신청이 없어도 법원은 직권으로 사정판결을 할 수 있다.

## Ⅲ ○○처분을 취소하는 것이 현저히 공공복리에 적합하지 아니하다고 인정할 수 있는지 여부

### 1. 판례

현저히 공공복리에 적합하지 아니한가의 여부를 판단함에 있어서는 위법·부당한 행정처분을 취소·변경하여야 할 필요와 그 취소·변경으로 인하여 발생할 수 있는 공공복리에 반하는 사태 등을 비교·교량하여 그 적용 여부를 판단하여야 한다. 현저히 공공복리에 반하는 사태란 처분의 취소로 인하여 처분이 관계된 재정운용상의 현저한 악화나 처분이 관계된 제도운영상의 현저한 지장이 발생하는 것을 말한다.[98]

### 2. 사안의 경우

## Ⅳ 설문의 해결

---

## 제3절 　기판력

## Ⅰ 문제의 소재

행정소송법 제8조 제2항에 의하여 준용되는 민사소송법상의 기판력이라 함은 기판력 있는 전소 판결의 소송물과 동일한 후소를 허용하지 않는 것임은 물론, 후소의 소송물이 전소의 소송물과 동일하지 않다고 하더라도 전소의 소송물에 관한 판단이 후소의 선결문제가 되거나 모순관계에 있을 때에는 후소에서 전소판결의 판단과 다른 주장을 하는 것을 허용하지 않는 작용을 하는 것이다.[99] 이와 관련하여 전소인 취소소송의 청구인용판결에서 처분이 적법하다는 판단이 후소인 국가배상청구소송의 선결문제가 되는지 문제된다.

---

98) 대판 1995.6.13, 94누4660

99) 대판 2001.1.16, 2000다41349

**Ⅱ** **전소인 취소소송의 청구인용판결에서 처분이 적법하다는 판단이 후소인 국가배상청구소송의 선결문제가 되는지 여부**

### 1. 학설

처분의 위법성과 직무집행의 법령위반의 의미가 동일하지 않으므로 선결문제가 되지 않는다는 기판력완전부정설과 처분의 위법성과 직무집행의 법령위반의 의미가 동일하므로 선결문제가 된다는 기판력완전긍정설, 처분의 위법성과 직무집행의 법령위반의 의미는 동일하지만 그 법률의 범위가 동일하지 않아 취소인용판결은 선결문제가 되지만, 취소기각판결은 선결문제가 되지 않는다는 제한적 기판력긍정설이 있다.

### 2. 판례

취소소송의 청구인용판결의 기판력이 국가배상청구소송에 미친다 하더라도 고의·과실을 추정케 하는 것은 아니다.

### 3. 검토

기판력완전부정설은 소송의 유형에 따라 위법성의 의미를 달리 보는 것은 법 개념상의 혼동을 가져온다는 점에서, 기판력완전긍정설은 처분과 직무집행을 완전하게 동일하게 본다는 점에서, 위법성의 의미를 동일하게 보되, 그 법률의 범위를 달리 보는 제한적 기판력긍정설이 타당하다.

### 4. 사안의 경우

○○취소소송은 인용판결을 받았으므로 처분이 적법하다는 전소의 판단은 후소인 국가배상청구소송의 선결문제가 된다.

**Ⅲ** **설문의 해결**

○○으로 인하여 손해를 받은 갑이 제기한 국가배상청구소송의 수소법원인 민사법원은 전소인 취소소송의 청구인용판결의 기판력이 미쳐 전소판단과 다른 판단을 하지 못하므로 별도의 위법성 판단 없이 갑에게 승소판결을 할 것이다.

---

## 제 **4** 절　　대세효

**Ⅰ** **문제의 소재**

행정소송법 제29조 제1항에 의하면, 처분 등을 취소하는 확정판결은 제3자에 대하여도 효력이 있다. 이와 관련하여 일반처분의 경우 소송의 당사자가 아닌 제3자에게 판결의 효력이 미치는지 문제된다.

### Ⅱ 일반처분의 경우 소송의 당사자가 아닌 제3자에게 판결의 효력이 미치는지 여부

#### 1. 학설

소송에 참가하여 재판상 청문권을 행사할 기회를 갖지 않은 제3자에게 형성력이 미치는 것은 재판받을 권리를 침해하는 것이므로 소송에 참가한 제3자에게만 형성력이 미친다는 상대적 효력설과 행정법관계의 획일적인 규율의 요청, 법률상태 변동의 명확화 요청 등을 근거로 소송에 참가하지 않은 일반 제3자에게도 형성력이 미친다는 절대적 효력설이 있다.

#### 2. 판례[100]

제3자에게 미치는 취소판결의 효력이란, 행정처분을 취소하는 확정판결이 제3자에 대하여도 효력이 있다고 하더라도 일반적으로 판결의 효력은 주문에 포함한 것에 한하여 미치는 것이니 그 취소판결 자체의 효력으로써 그 행정처분을 기초로 하여 새로 형성된 제3자의 권리까지 당연히 그 행정처분 전의 상태로 환원되는 것이라고는 할 수 없고, 단지 취소판결의 존재와 취소판결에 의하여 형성되는 법률관계를 소송당사자가 아니었던 제3자라 할지라도 이를 용인하지 않으면 아니 된다는 것을 의미하는 것에 불과하다.

#### 3. 검토

행정법 관계는 공법관계이므로 그 규율의 성질상 획일성이 요청된다는 점에서 절대적 효력설과 판례가 타당하다.

#### 4. 사안의 경우

취소소송의 당사자가 아닌 갑에게도 취소인용판결의 효력이 미친다.

### Ⅲ 설문의 해결

갑에게도 취소인용판결의 효력이 미친다. 다만 그 효력의 내용은 취소판결의 존재와 취소판결에 의하여 형성되는 법률관계를 소송당사자가 아니었던 제3자라 할지라도 이를 용인하지 않으면 아니 된다는 것을 의미하는 것에 불과하다.

---

100) 대판 1986.8.19, 83다카2022

## 제 5 절    기속력과 간접강제

### 제1항   침익적 처분의 반복의 경우

#### Ⅰ. 문제의 소재

행정소송법 제30조 제1항에 의하면, 처분 등을 취소하는 확정판결은 그 사건에 관하여 당사자인 행정청과 그 밖의 관계 행정청을 기속한다. 처분청은 ○○처분을 발령하고자 한다. 이와 관련하여 첫째, 행정소송법 제30조의 법적 성질이 문제된다. 둘째, ○○처분이 기속력이 미치는 그 사건인지 문제된다.

#### Ⅱ. 행정소송법 제30조의 법적 성질

#### 1. 학설

행정소송법상 기속력에 관한 규정은 판결 자체의 효력으로서 당연한 것이므로 기속력이 기판력과 동일하다는 기판력설과 취소판결로 행정행위의 취소는 가능하여도 동일한 행정행위의 발령은 막을 수 없기 때문에 취소판결의 효과의 실질적인 보장을 위해 행정소송법이 특별히 인정한 효력이라는 견해로서 특수효력설이 있다.

#### 2. 판례

행정소송법 제30조 제1항은 "처분 등을 취소하는 확정판결은 그 사건에 관하여 당사자인 행정청과 그 밖의 관계 행정청을 기속한다."라고 규정하고 있다. 이러한 취소 확정판결의 '기속력'은 취소 청구가 인용된 판결에서 인정되는 것으로서 당사자인 행정청과 그 밖의 관계 행정청에게 확정판결의 취지에 따라 행동하여야 할 의무를 지우는 작용을 한다. 이에 비하여 행정소송법 제8조 제2항에 의하여 행정소송에 준용되는 민사소송법 제216조, 제218조가 규정하고 있는 '기판력'이란 기판력 있는 전소 판결의 소송물과 동일한 후소를 허용하지 않음과 동시에, 후소의 소송물이 전소의 소송물과 동일하지는 않더라도 전소의 소송물에 관한 판단이 후소의 선결문제가 되거나 모순관계에 있을 때에는 후소에서 전소 판결의 판단과 다른 주장을 하는 것을 허용하지 않는 작용을 한다.

#### 3. 검토 및 소결

기속력은 취소판결에서의 효력이지만 기판력은 모든 본안판결에서의 효력이라는 점, 기속력은 당사자인 행정청과 그 밖의 관계 행정청에 미치지만 기판력은 당사자와 후소법원에 미친다는 점, 기속력은 일종의 실체법적 효력이지만 기판력은 소송법상 효력이라는 점에서 양자는 상이하므로 특수효력설과 판례가 타당하다. 기속력에 반하는 처분은 중대·명백한 하자이므로 무효이다.

## Ⅲ ○○처분이 기속력이 미치는 그 사건인지 여부

### 1. 판례

그 사건이란 법원이 처분시까지의 법 관계·사실관계에서 위법이라고 판단한 것과 동일한 이유나 동일한 자료를 바탕으로 동일인에 대하여 동일 행위를 하는 것이다. 법원이 위법이라고 판단한 절차상 사유나 형식상 사유를 그대로 유지하는 후속처분은 그 사건이다. 후속처분의 내용상 사유는 법원이 위법이라고 판단한 내용상 사유와 기본적 사실관계의 동일성이 인정되는 범위 내에서 그 사건이다. 기본적 사실관계의 동일성 여부는 처분사유를 법률적으로 평가하기 이전의 구체적인 사실에 착안하여 그 기초가 되는 사회적 사실관계가 기본적인 점에서 동일한지의 여부에 따라 결정해야 한다.

### 2. 사안의 경우

취소인용판결을 받은 처분 당시의 사실을 변경하지 않은 채 처분의 근거법령만을 변경하여 처분을 하는 경우, 취소인용판결을 받은 허가기준에 맞지 않음이라는 이유를 구체적 불허가사유를 제시하여 처분을 하는 경우에는 그 사건에 해당한다. 그러나 취소인용판결이 나온 후 처분서에 명기하지 않은 다른 사유를 제시하여 처분을 하는 경우나 처분시 이후의 변경된 법령에 근거한 처분을 하는 경우에는 그 사건에 해당하지 아니한다.

## Ⅳ 설문의 해결

### 제2항 재차 거부처분의 반복의 경우

## Ⅰ 문제의 소재

행정소송법 제30조 제2항에 의하면, 판결에 의하여 취소되는 처분이 당사자의 신청을 거부하는 것을 내용으로 하는 경우에는 그 처분을 행한 행정청은 판결의 취지에 따라 다시 이전의 신청에 대한 처분을 하여야 한다. ○○거부처분이 다시 발령되었다. 이와 관련하여 첫째, 행정소송법 제30조의 법적 성질이 문제된다. 둘째, 후속처분인 재차 거부처분이 판결의 취지에 따라 다시 행한 이전의 신청에 대한 처분인지 문제된다.

## Ⅱ 행정소송법 제30조의 법적 성질

### 1. 학설

행정소송법상 기속력에 관한 규정은 판결 자체의 효력으로서 당연한 것이므로 기속력이 기판력과 동일하다는 기판력설과 취소판결로 행정행위의 취소는 가능하여도 동일한 행정행위의 발령은 막을 수 없기 때문에 취소판결의 효과의 실질적인 보장을 위해 행정소송법이 특별히 인정한 효력이라는 견해로서 특수효력설이 있다.

## 2. 판례

판례는 행정소송법 제30조 제1항의 취소 확정판결의 '기속력'은 취소 청구가 인용된 판결에서 인정되는 것으로서 당사자인 행정청과 그 밖의 관계 행정청에게 확정판결의 취지에 따라 행동하여야 할 의무를 지우는 작용을 함에 비하여 '기판력'이란 기판력 있는 전소 판결의 소송물과 동일한 후소를 허용하지 않음과 동시에, 후소의 소송물이 전소의 소송물과 동일하지는 않더라도 전소의 소송물에 관한 판단이 후소의 선결문제가 되거나 모순관계에 있을 때에는 후소에서 전소 판결의 판단과 다른 주장을 하는 것을 허용하지 않는 작용을 한다[101]고 보아 기속력과 기판력을 구별한다.

## 3. 검토 및 소결

기속력은 취소판결에서의 효력이지만 기판력은 모든 본안판결에서의 효력이라는 점, 기속력은 당사자인 행정청과 그 밖의 관계 행정청에 미치지만 기판력은 당사자와 후소법원에 미친다는 점, 기속력은 일종의 실체법적 효력이지만 기판력은 소송법상 효력이라는 점에서 양자는 상이하므로 특수효력설과 판례가 타당하다. 처분취소인용판결은 행정소송법 제30조 제1항에 의해 재처분의무를 행정청에게 부과하지만, 수익적 처분에 대한 거부처분인용판결은 특별히 행정소송법 제30조 제2항에 의하여 판결의 취지에 따른 재처분의무를 행정청에게 부과한다. 기속력에 반하는 처분은 중대·명백한 법규위반으로 무효이다.

## Ⅲ 후속처분인 재차 거부처분이 판결의 취지에 따라 다시 행한 이전의 신청에 대한 거부처분인지 여부

## 1. 판례

판결의 취지에 따른 재처분이란 취소인용판결에서 적시한 위법한 거부처분사유가 아닌 처분사유에 따른 재처분으로 신청을 인용하는 재처분과 재차 거부하는 거부처분이 있다. 즉 판결의 취지에 따른 재처분이란 위법사유를 보완한 재처분이거나 다른 사유에 기초한 재처분이어야 한다. 구체적으로 절차상 하자를 이유로 취소된 경우에는 적법한 절차를 거쳐서 재차 거부처분이나 다른 처분을 할 수 있다. 내용상 하자를 이유로 취소된 경우에는 원칙적으로 신청을 인용하는 처분을 하여야 하나, 사실심변론종결 후의 새로운 사유나 거부처분 후에 개정·시행된 법령에 따라서 재차 거부처분을 할 수 있다.

## 2. 사안의 경우

## Ⅳ 설문의 해결

---

101) 대판 2016.3.24, 2015두48235

### 제3항 재처분의무 불이행 시 간접강제

#### Ⅰ 문제의 소재

행정소송법(이하 동법이라 함) 제34조 제1항에 의하면 행정청이 동법 제30조 제2항의 규정에 의한 처분을 하지 아니하는 때에는 제1심수소법원은 당사자의 신청에 의하여 결정으로써 상당한 기간을 정하고 행정청이 그 기간 내에 이행하지 아니하는 때에는 그 지연기간에 따라 일정한 배상을 할 것을 명하거나 즉시 손해배상을 할 것을 명할 수 있다. 기속력의 내용 중 재처분의무 불이행에 대한 행정소송법상 실효성 확보 수단은 간접강제이다. 만약 甲이 취소소송을 제기하여 인용판결이 확정되었음에도 불구하고 乙이 계속 정보를 공개하지 않을 경우 甲의 권리구제를 위한 행정소송법상 실효성 확보 수단의 요건 및 성질과 관련하여 첫째, 간접강제의 요건을 충족하는지 문제된다. 둘째, 간접강제의 법적 성질이 문제된다.

#### Ⅱ 간접강제의 요건을 충족하는지 여부

#### 1. 간접강제의 인용요건

간접강제가 가능하려면, 거부처분을 취소하는 인용판결이 있어야 하고, 처분청이 거부처분취소판결의 취지에 따른 재처분을 하지 않았어야 한다. 재처분을 하지 않았다는 것은 아무런 재처분을 하지 않은 것뿐만 아니라 재처분이 기속력에 반하여 당연무효가 된 것을 포함한다.

#### 2. 사안의 경우

甲이 취소소송을 제기하여 인용판결이 확정되었음에도 불구하고 乙이 계속 정보를 공개하지 않을 경우 이는 아무런 재처분을 하지 않은 경우에 해당하므로 간접강제의 요건을 충족한다.

#### Ⅲ 간접강제의 법적 성질

판례에 의하면 간접강제결정에 기한 배상금은 확정판결의 취지에 따른 재처분의 지연에 대한 제재나 손해배상이 아니고 재처분의 이행에 관한 심리적 강제수단에 불과한 것으로 보아야 하므로 특별한 사정이 없는 한 간접강제결정에서 정한 의무이행기한이 경과한 후에라도 확정판결의 취지에 따른 재처분의 이행이 있으면 배상금을 추심함으로써 심리적 강제를 꾀할 목적이 상실되어 처분상대방이 더 이상 배상금을 추심하는 것은 허용되지 않는다. 간접강제의 법적 성질은 심리적 강제수단이다.

#### Ⅳ 설문의 해결

甲의 취소소송에 대해 취소인용판결이 확정되었음에도 불구하고 乙이 계속 정보를 공개하지 않을 경우 동법 제34조 제1항에 의하여 제1심수소법원은 당사자인 甲의 신청에 의해 간접강제결정을 할 수 있다. 다만 그에 기한 배상금의 법적 성질은 심리적 강제수단이므로 지연기간이 지난 후일지라도 을이 정보를 공개하면 그 지연배상금을 추심할 수 없다.

# 04 | 행정심판

## 제1절 거부처분에 대한 행정쟁송의 종류와 가구제 제도

### Ⅰ 문제의 소재

현행 행정쟁송법상 권리구제수단으로서 행정심판법상 권리구제수단은 취소심판, 무효등확인심판, 의무이행심판 등이 있고, 행정소송법상 권리구제수단은 취소소송, 무효등확인소송, 부작위위법확인소송 등이 있다. 무효확인심판과 무효확인소송은 제외하므로 甲이 권리구제수단으로 선택할 수 있는 방식과 관련하여 첫째, 乙의 정보비공개결정이 처분인지 문제된다. 둘째, 정보비공개결정에 대하여 甲이 행정쟁송법상 권리구제수단으로 선택할 수 있는 방식이 문제된다.

### Ⅱ 乙의 정보비공개결정이 처분인지 여부

#### 1. 거부처분의 성립요건

신청에 대한 거부가 처분이 되려면 ① 그 신청한 행위가 처분이어야 하고, ② 그 거부행위가 신청인의 법적 상태에 변동을 일으켜야 하며, ③ 그 국민에게 법규상 또는 조리상 신청권이 있어야 한다. 신청권이 있는 처분에 대한 거부행위는 신청인의 법적 상태에 변동을 초래한다.

#### 2. 사안의 경우

정보공개신청의 대상인 정보공개는 행정청인 교육과학기술부장관 乙이 공공기관의 정보공개에 관한 법률에 따라 행하는 공권력 행사이므로 처분이다. 甲의 정보공개청구도 공공기관의 정보공개에 관한 법률에 따라 행하였으므로 법규상 신청권이 있는 행위로 그 거부행위는 신청인의 법적 상태에 변동을 일으킨다고 보아야 한다. 甲의 정보공개청구에 대해 乙의 비공개결정은 거부처분이다.

### Ⅲ 정보비공개결정에 대하여 甲이 행정쟁송법상 권리구제수단으로 선택할 수 있는 방식

#### 1. 현행 행정심판법상 거부처분에 대한 권리구제수단으로서의 심판의 종류 및 가구제 제도

##### (1) 심판의 종류

###### 1) 법률규정

행정심판법 제5조 제1호에 의하면 취소심판은 행정청의 위법 또는 부당한 처분을 취소하거나 변경하는 행정심판이고, 제3호에 의하면 의무이행심판은 당사자의 신청에 대한 행정청의 위법 또는 부당한 거부처분이나 부작위에 대하여 일정한 처분을 하도록 하는 행정심판이다.

###### 2) 사안의 경우

乙의 정보비공개결정은 처분이므로 행정심판법 제5조 제1호에 의하면 취소심판의 청구가 가능하고, 乙의 정보비공개결정은 거부처분이므로 행정심판법 제5조 제3호에 의하면 의무이행심판의 청구가 가능하다.

### (2) 가구제로서 임시처분

#### 1) 법률규정

행정심판법 제31조에 의하면 위원회는 처분 또는 부작위가 위법·부당하다고 상당히 의심되는 경우로서 처분 또는 부작위 때문에 당사자가 받을 우려가 있는 중대한 불이익이나 당사자에게 생길 급박한 위험을 막기 위하여 임시지위를 정하여야 할 필요가 있는 경우에는 직권으로 또는 당사자의 신청에 의하여 임시처분을 결정할 수 있다.

#### 2) 사안의 경우

## 2. 현행 행정소송법상 거부처분에 대한 권리구제수단으로서의 소송의 종류 및 가구제 제도

### (1) 의무이행소송이 가능한지 여부

의무이행소송은 행정청에 대하여 일정한 행정처분을 신청하였는데 거부된 경우나 아무런 응답이 없는 경우에 그 이행을 청구하는 것을 내용으로 하는 행정소송이다. 이러한 소송이 현행법상 인정되는지에 대하여 논란이 있으나 판례는 "행정청에 대하여 행정상 처분의 이행을 구하는 청구는 특별한 규정이 없는 한 행정소송의 대상이 될 수 없다."고 판시하여 부정하고 있다.

### (2) 취소소송

#### 1) 법률규정

행정소송법 제4조 제1호에 의하면 취소소송은 행정청의 위법한 처분 등을 취소 또는 변경하는 소송이다.

#### 2) 사안의 경우

乙의 정보비공개결정은 거부처분이므로 행정소송법 제4조 제1호에 의하여 소송요건을 모두 갖추어 취소소송을 제기할 수 있다.

### (3) 집행정지와 민사집행법상 가처분 허용 여부

#### 1) 집행정지 허용 여부

행정소송법 제23조 제2항의 집행정지와 관련하여 거부처분은 예방하기 위한 회복하기 어려운 손해가 없으므로 집행정지의 이익이 없다고 보아야 할 것이다.

#### 2) 행정소송법 제8조 제2항에 의한 민사집행법 제300조의 준용 여부

판례는 "항고소송에 대하여는 민사집행법상 가처분에 관한 규정이 적용되지 않는다."고 판시하여 민사집행법 제300조의 준용을 부정한다.

## 3. 소결

현행 행정심판법상 거부처분에 대한 권리구제수단으로서의 심판의 종류는 의무이행심판, 취소심판이고 가구제로서는 임시처분이 있다. 현행 행정소송법상 거부처분에 대한 권리구제수단으로서의 소송의 종류는 취소소송이고, 가구제 제도는 없다.

## 제2절    거부처분에 대한 재결의 종류와 재결의 실효성 확보

### Ⅰ 문제의 소재

거부처분은 처분이라는 면에서 행정심판법 제5조 제1호의 취소심판과 제2호의 무효확인심판의 대상이면서, 거부처분이므로 제3호의 의무이행심판의 대상도 된다. 무효확인심판은 제외하였고, 乙의 비공개결정은 타당하다고 할 수 없다. 이와 관련하여 첫째, 취소심판에서 가능한 재결과 甲의 권리구제수단의 한계가 문제된다. 둘째, 의무이행심판에서 가능한 재결과 甲의 권리구제수단의 한계가 문제된다.

### Ⅱ 취소심판에서 가능한 재결과 甲의 권리구제수단의 한계

#### 1. 취소심판에서 가능한 재결

처분취소재결, 처분재결, 처분명령재결이 가능하지만 정보공개청구심판에서는 행정심판위원회가 해당 정보를 보유하지 않기 때문에 취소심판에서 가능한 인용재결은 처분취소재결과 처분명령재결이다.

#### 2. 甲의 권리구제수단의 한계

행정심판법 제49조 제2항을 신설하여 거부처분취소인용재결의 기속력인 재처분의무를 입법적으로 해결하였다. 처분청의 재처분의무 불이행 시에는 행정심판법 제50조의2를 신설하여 간접강제를 두었다. 다만 간접강제는 심리적 강제수단이라는 점에서 한계가 있다.

### Ⅲ 의무이행심판에서 가능한 재결과 甲의 권리구제수단의 한계

#### 1. 의무이행심판에서 가능한 재결

처분재결, 처분명령재결이 가능하지만 정보공개청구심판에서는 행정심판위원회가 해당 정보를 보유하지 않기 때문에 처분명령재결만이 가능하다.

#### 2. 甲의 권리구제수단의 한계

행정심판법 제50조 제1항 본문에 의하면 처분명령재결에 따른 재처분의무를 행정청이 이행하지 않는 경우 행정심판위원회의 직접처분을 규정하고 있으나 행정심판위원회가 해당 정보를 보유하지 않고 있기 때문에 직접처분은 행정심판법 제50조 제1항 단서에 의하여 현실적으로 불가능하다는 점에서 한계가 있다. 처분청의 의무이행재결에 따른 의무불이행 시에는 행정심판법 제50조의2를 신설하여 간접강제를 두었다. 다만 간접강제는 심리적 강제수단이라는 점에서 한계가 있다.

### Ⅳ 설문의 해결

정보비공개사건의 경우 행정심판위원회가 해당 정보를 보유하는 기관이 아니다. 따라서 의무이행재결에 따른 공개처분을 하지 아니하더라도 행정심판위원회의 직접처분이 처분의 성질상 불가능하므로 권리구제에 한계가 있다. 행정심판법 제50조의2를 신설함으로써 취소심판과 의무이행심판은 권리구제에 있어서 차이가 없게 되었다.

## 제 3 절 　거부처분에 대한 심판의 종류와 가구제 제도

### Ⅰ 문제의 소재

특별분양신청거부는 거부처분이므로 甲이 제기할 수 있는 행정심판법상의 권리구제수단은 취소심판과 의무이행심판이다. 재결의 실효성을 확보하기 위한 수단으로서 집행정지와 임시처분이 있다. 종전의 상태를 유지시키는 소극적인 조치인 집행정지는 종전의 상태를 변경시키는 적극적인 조치로 활용될 수 없기 때문에 거부처분에 있어서 효과적인 구제수단이 되지 못한다. 이와 관련하여 첫째, 특별분양신청거부에 대해 취소심판과 의무이행심판 중 제기 가능한 심판이 문제된다. 둘째, 심판청구의 실효성을 확보하기 위한 수단으로서 임시처분이 가능한지 문제된다.

### Ⅱ 특별분양신청거부에 대해 취소심판과 의무이행심판 중 제기 가능한 심판

### 1. 법률규정

특별분양신청거부처분은 처분이라는 면에서 거부처분취소심판과 거부처분이므로 의무이행심판을 제기할 수 있다. 거부처분의무이행심판인용재결인 특별분양처분명령재결이 있으면 행정심판법 제49조 제3항에 의하여 처분청에게 재처분의무가 발생하고, 그 재처분의무를 이행하지 아니하면 행정심판법 제50조 제1항에 의하여 위원회는 당사자가 신청하면 기간을 정하여 서면으로 시정을 명하고 그 기간에 이행하지 아니하면 직접 특별분양처분을 할 수 있다. 거부처분취소심판인용재결인 거부처분취소인용재결이 있으면 행정심판법 제49조 제2항에 의하여 처분청에게 재처분의무[102]가 발생하고, 그 재처분의무를 이행하지 아니하면 행정심판법 제50조의2 제1항에 의하여 간접강제를 명할 수 있다.

### 2. 사안의 경우

처분의 성질상 직접처분이 가능한 경우에는 취소심판보다는 의무이행심판으로 권리를 구제받아야 할 것이나, 그 성질상 직접처분이 불가능한 경우에는 행정심판법 제50조의2 제1항 때문에 의무이행심판이나 취소심판 그 어느 구제수단이든 가능하다. 특별분양결정은 그 성질상 직접처분이 불가능한 경우는 아니므로 의무이행심판으로 권리를 구제받는 것이 더 실효적이다.

### Ⅲ 심판청구의 실효성을 확보하기 위한 수단으로서 임시처분이 가능한지 여부

### 1. 문제의 소재

행정심판법 제31조에 의하면 위원회는 처분 또는 부작위가 위법·부당하다고 상당히 의심되는

---

[102] 행정심판법 제49조 제2항이 신설되기 전에는 행정심판법 제49조 제1항은 기속력의 일반적 규정으로서 기속력의 내용 가운데 재처분의무가 당연히 포함되어 있으므로 행정심판법 제49조 제1항으로부터 재처분의무를 도출할 수 있다는 긍정설과 처분청에게 재결에 따른 적극적인 의무가 부여되려면 명문의 근거가 필요하므로 명문의 규정이 없는 거부처분취소재결에 대해서는 재처분의무를 인정할 수 없다는 부정설이 있었고, 그에 대해 판례는 "당사자의 신청을 거부하는 처분을 취소하는 재결이 있는 경우에는 행정청은 그 재결의 취지에 따라 다시 이전의 신청에 대한 처분을 하여야 하는 것이다."라고 판시하여 긍정한 바 있으나 이제는 논의의 실익이 없다.

경우로서 처분 또는 부작위 때문에 당사자가 받을 우려가 있는 중대한 불이익이나 당사자에게 생길 급박한 위험을 막기 위하여 임시지위를 정하여야 할 필요가 있는 경우에는 직권으로 또는 당사자의 신청에 의하여 임시처분을 결정할 수 있다. 이와 관련하여 임시처분의 적용요건을 충족하는지 문제된다.

## 2. 임시처분의 적용요건을 충족하는지 여부

### (1) 임시처분의 적용요건

처분 또는 부작위가 위법·부당하다고 상당히 의심될 것, 행정심판청구의 계속, 처분 또는 부작위 때문에 당사자가 받을 우려가 있는 중대한 불이익이나 당사자에게 생길 급박한 위험이 존재할 것, 중대한 불이익이나 급박한 위험을 막기 위하여 임시지위를 정하여야 할 필요가 있을 것, 공공복리에 중대한 영향을 미칠 우려가 없을 것, 집행정지로 목적을 달성할 수 없을 것 등이다.

### (2) 사안의 경우

## 3. 소결

## Ⅳ 설문의 해결

---

| 제 **4** 절 | 취소인용재결의 기속력 |

## Ⅰ 문제의 소재

행정심판법 제49조 제1항에 의하면 심판청구를 인용하는 재결은 피청구인과 그 밖의 관계 행정청을 기속한다. 같은 법 제49조 제2항에 의하면 당사자의 신청을 거부하거나 부작위로 방치한 처분의 이행을 명하는 재결이 있으면 행정청은 지체 없이 이전의 신청에 대하여 재결의 취지에 따라 처분을 하여야 한다.[103] 이와 관련하여 의무이행재결에는 명문의 규정으로 재처분의무가 규정되어 있는데, 취소인용재결에는 재처분의무에 대하여 명문의 규정이 없으므로 행정심판법 제49조 제1항에 의해 인정할 수 있는지 문제된다.

## Ⅱ 취소인용재결의 재처분의무를 행정심판법 제49조 제1항에 의해 인정할 수 있는지 여부

## 1. 학설

행정심판법 제49조 제1항은 기속력의 일반적 규정으로서 기속력의 내용 가운데 재처분의무가 당연히 포함되어 있으므로, 행정심판법 제49조 제1항의 규정을 통해서 재처분의무를 도출할 수 있

---

103) 현행 행정심판법 제49조 제3항으로 옮겨졌다.

다는 긍정설과 행정청에게 적극적인 의무가 부여되기 위해서는 명문의 근거가 필요하므로 명문의 규정이 없는 거부처분취소재결에 대해서는 재처분의무를 인정할 수 없다는 부정설이 있다.

## 2. 판례

당사자의 신청을 거부하는 처분을 취소하는 재결이 있는 경우에는 행정청은 그 재결의 취지에 따라 다시 이전의 신청에 대한 처분을 하여야 하는 것이다.

## 3. 검토

행정심판법이 행정소송법과 달리 취소재결이 있은 경우 명시적인 재처분의무를 규정하지 않은 것은 의무이행심판을 통한 구제를 예상한 것이므로 부정설이 타당하다.

## 4. 사안의 경우

### Ⅲ 설문의 해결

현행 행정심판법은 제49조 제2항을 신설하여 입법적으로 해결하였다.

---

## 제5절    거부처분에 대한 재결의 실효성 확보

### Ⅰ 문제의 소재

거부처분취소인용재결이 있음에도 재결을 따르지 아니하고 부작위하는 경우 행정심판법상 취할 수 있는 실효성 확보 수단에는 직접처분과 간접강제가 있다. A대학총장은 甲에게 공개거부결정을 하였고, 甲은 공개거부결정에 대하여 행정심판을 청구하였고 B행정심판위원회는 이를 취소하는 재결을 내렸다. 그럼에도 불구하고 A대학총장은 위 행정심판위원회의 재결을 따르지 아니하고 甲의 최종입학점수를 공개하지 아니하고 있다. 甲이 행정심판법상 취할 수 있는 실효성 확보 수단과 관련하여 첫째, 취소인용재결을 따르지 않은 A대학총장을 대신하여 위원회가 직접 甲이 신청한 정보에 대하여 공개결정을 할 수 있는지 문제된다. 둘째, 취소인용재결을 따르지 않은 A대학총장에게 간접강제결정을 할 수 있는지 문제된다.

### Ⅱ 취소인용재결을 따르지 않은 A대학총장을 대신하여 위원회가 직접 甲이 신청한 정보에 대하여 공개결정을 할 수 있는지 여부

#### 1. 직접처분의 인용요건

행정심판법 제50조 제1항에 의하면 위원회는 피청구인이 제49조 제3항에도 불구하고 처분을 하지 아니하는 경우에는 당사자가 신청하면 기간을 정하여 서면으로 시정을 명하고 그 기간에 이행하지 아니하면 직접처분을 할 수 있다. 다만, 그 처분의 성질이나 그 밖의 불가피한 사유로 위원회가 직접처분을 할 수 없는 경우에는 그러하지 아니하다.

## 2. 사안의 경우

정보공개법 제2조 제2호와 제3호에 의하면 문서를 직무상 작성 또는 취득하여 관리하고 있는 공공기관만이 당해 정보를 공개할 권한이 있으므로 정보공개결정의 성질상 B행정심판위원회는 직접처분으로서 정보공개를 할 수 없다.

## Ⅲ 취소인용재결을 따르지 않은 A대학총장에게 간접강제결정을 할 수 있는지 여부

### 1. 간접강제의 인용요건

행정심판법 제50조의2 제1항에 의하면 위원회는 피청구인이 제49조 제2항(제49조 제4항에서 준용하는 경우를 포함한다) 또는 제3항에 따른 처분을 하지 아니하면 청구인의 신청에 의하여 결정으로 상당한 기간을 정하고 피청구인이 그 기간 내에 이행하지 아니하는 경우에는 그 지연기간에 따라 일정한 배상을 하도록 명하거나 즉시 배상을 할 것을 명할 수 있다.

### 2. 사안의 경우

B행정심판위원회는 정보비공개결정을 취소하는 재결을 내렸다. 그럼에도 불구하고 A대학총장은 행정심판위원회의 재결을 따르지 아니하고 甲의 최종입학점수를 공개하지 아니하고 있다. 이는 행정심판법 제49조 제3항을 위반한 것이다. B행정심판위원회는 취소인용재결을 따르지 않은 A대학총장에게 간접강제결정을 할 수 있다.

## Ⅳ 설문의 해결

甲이 행정심판법상 취할 수 있는 실효성 확보 수단은 간접강제이다. 판례에 의하면 간접강제의 법적 성질은 심리적 강제수단이므로 간접강제결정에서 정한 이행기간이 지나서 처분이 발령되더라도 그때까지 발생한 손해배상금을 추심할 수 없다.

---

## 제6절 불고지·오고지 제도

## Ⅰ 문제의 소재

행정절차법 제26조에 의하면 행정청이 처분을 할 때에는 당사자에게 그 처분에 관하여 행정심판 및 행정소송을 제기할 수 있는지 여부, 그 밖에 불복을 할 수 있는지 여부, 청구절차 및 청구기간, 그 밖에 필요한 사항을 알려야 한다. 갑은 을이 제2차 거부처분을 하면서 아무런 고지를 하지 아니하여 절차상 하자가 있는 위법한 처분이라고 주장한다. 갑의 주장이 타당한지와 관련하여 불복절차에 대한 불고지가 제2차 거부처분의 절차상 하자인지 문제된다.

## Ⅱ 불복절차에 대한 불고지가 제2차 거부처분의 절차상 하자인지 여부

### 1. 판례

고지절차에 관한 규정은 행정처분의 상대방이 그 처분에 대한 행정심판의 절차를 밟는 데 편의를 제공하려는 것이어서 처분청이 위 규정에 따른 고지의무를 이행하지 아니하였다고 하더라도 경우에 따라 행정심판의 제기기간이 연장될 수 있음에 그칠 뿐, 그 때문에 심판의 대상이 되는 행정처분이 위법하다고 할 수는 없다.

### 2. 사안의 경우

을이 제2차 거부처분을 하면서 아무런 고지를 하지 아니한 것은 행정절차법 제26조를 위반한 것이나 불복절차에 대한 불고지는 행정심판의 제기기간이 연장될 수 있음에 그치는 것이므로 제2차 거부처분의 절차상 하자가 아니다.

## Ⅲ 설문의 해결

갑의 주장은 타당하지 않다. 이에 대해서 불복절차에 대한 불고지는 행정절차법 제26조를 위반하여 처분의 위법사유가 되지만, 행정절차법 제26조의 규정은 행정처분의 상대방에게 편의를 제공하기 위한 규정이므로 갑이 행정절차법 제26조 위반을 이유로 제2차 거부처분에 대하여 적법한 제소기간 내에 취소소송을 제기하면 갑의 소제기는 불복절차에 대한 불고지로 인한 제2차 거부처분의 하자를 치유하기 때문에 불복절차에 대한 불고지는 제2차 거부처분의 절차상 하자가 아니라는 견해도 있다.

# 개별행정행위들의 특유한 쟁송법상 문제들

지금까지 행정소송법에 의거하여 시험에 출제될 수 있는 각종 문제 상황들에 대한 일종의 범용목차들과 그 주제와 연관 있는 행정심판제도들을 살펴보았다. 이제까지 익혀온 범용목차들이 머릿속에 들어 있어야 이제부터 익히게 될 구체적 상황에 맞는 특수목차들과 특수내용들이 논리적으로 확장되어 내 것이 될 수 있다.

## 제1절　강학상 인가[104]

### 제1항　적법한 타자의 법률행위 + 인가

#### Ⅰ 문제의 소재[105]

이와 관련하여 첫째, ○○허가의 법적 성질이 문제된다. 둘째, 갑의 취소소송의 제기가 적법한지 문제된다.

#### Ⅱ ○○허가의 법적 성질

강학상 인가란 행정청이 타자의 법률행위를 동의로써 보충하여 그 행위의 효력을 완성시켜 주는 행정행위이다. ○○허가는 타인인 갑과 을 사이에 이루어진 토지매매계약에 대해 허가를 함으로써 토지매매계약이 확정적으로 유효하게 하는 행위이므로 강학상 인가이다.

#### Ⅲ 갑의 취소소송의 제기가 적법한지 여부

#### 1. 문제의 소재

취소소송의 제기가 적법하려면, 취소소송의 대상이 되는 처분을 대상으로 하여 취소소송의 원고적격, 취소소송의 피고적격, 취소소송의 협의의 소익, 취소소송의 제소기간, 취소소송의 관할법원, 취소소송의 행정심판의 전치 등의 취소소송요건을 모두 충족하여야 한다. ○○허가는 강학상 인가로서 행정행위이므로 취소소송의 대상이 되는 처분이다. 기타 취소소송요건은 특별히 문제

---

104) 강학상 인가는 타자의 법률행위를 완성시켜 주는 행위이므로 먼저 타자의 법률행위가 존재하여야 한다. 타자의 법률행위를 인가를 통하여 다투는 것은 논리상 허용되지 않는다는 것은 자명하다. 결국 타자의 법률행위가 존재한다고 결론이 나온 후에 그 결론을 바탕으로 인가의 위법성이 존재하는지 문제되는 것이다. 그렇다면 인가를 다투는 소송상의 독특함을 아는지를 묻는 문제가 출제될 것이다.

105) 대전제 설정 – 전제상황 제시. 출제된 문제의 마지막 문장을 가정법 형식으로 들어가면서, 가정형식을 만족시키는 조건들을 Should 내용으로 쓰면 된다.

될만한 사정이 엿보이지 않는다. 이와 관련하여 갑이 취소소송의 원고적격[106]을 충족하는지 문제된다.

## 2. 갑이 취소소송의 원고적격[107]을 충족하는지 여부

### (1) 문제의 소재

행정소송법 제12조 제1문에 의하면, 취소소송은 처분 등의 취소를 구할 법률상 이익이 있는 자가 제기할 수 있다. 갑은 인가의 제3자이다. 이와 관련하여 첫째, 법률상 이익의 의미와 법률의 범위가 문제된다. 둘째, 甲이 인가처분의 취소를 구할 법률상 이익이 있는 자인지 문제된다.

### (2) 법률상 이익의 의미와 법률의 범위

#### 1) 학설

취소소송의 기능과 관련하여 권리구제설, 법률상 보호되는 이익구제설, 소송상 보호가치 있는 이익구제설, 적법성보장설이 있다. 법률상 보호되는 이익구제설 내에서도 법률의 범위와 관련하여 처분의 근거법규에 한정하는 견해, 처분의 근거법규와 관련법규를 고려하는 견해, 처분의 실체법규와 절차법규까지 고려하는 견해, 헌법의 기본권 규정까지 고려하는 견해 등이 있다.

#### 2) 판례

법률상 이익이라 함은 당해 처분의 근거법규 및 관련법규에 의하여 보호되는 개별적·직접적·구체적·법적 이익이다.

#### 3) 검토

권리구제설은 원고적격의 인정범위가 협소하다는 점에서, 소송상 보호가치 있는 이익구제설은 소송상 보호가치 있는 이익인지 판단을 판사의 재량에 일임한다는 점에서, 적법성보장설은 민중소송화 우려가 있다는 점에서 법률상 보호되는 이익구제설이 타당하다. 처분의 근거법규에 한정하는 견해는 원고적격의 인정범위가 좁다는 점에서, 처분의 실체법규와 절차법규까지 고려하는 견해, 헌법의 기본권 규정까지 고려하는 견해 등은 법률상 이익뿐만 아니라 반사적 이익까지 원고적격의 인정범위로 포함시킨다는 점에서 처분의 근거법규와 관련법규를 고려하는 견해가 타당하다.

#### 4) 사안의 경우

사안의 근거법규는 ○○법이다.

---

106) 강학상 인가는 수익적 행정행위이므로 강학상 인가의 직접 상대방은 원고가 되지 못한다. 따라서 강학상 인가의 직접 상대방이 강학상 인가를 대상으로 취소소송을 제기하면 부적법각하판결을 면치 못한다. 이를 시험문제에서는 '취소소송의 제기가 불가능하다.'라고 표현하기도 한다. 주의하여야 한다.

107) 강학상 인가는 수익적 행정행위이므로 강학상 인가의 직접 상대방은 원고가 되지 못한다. 따라서 강학상 인가의 직접 상대방이 강학상 인가를 대상으로 취소소송을 제기하면 부적법각하판결을 면치 못한다. 이를 시험문제에서는 '취소소송의 제기가 불가능하다.'라고 표현하기도 한다. 주의하여야 한다.

PART
02

### (3) 甲이 인가처분의 취소를 구할 법률상 이익이 있는 자인지 여부

#### 1) 판례

인·허가 등의 수익적 행정처분을 신청한 수인이 서로 경쟁관계에 있어서 일방에 대한 허가 등의 처분이 타방에 대한 불허가 등으로 귀결될 수밖에 없는 때 허가 등의 처분을 받지 못한 자는 비록 경원자에 대하여 이루어진 허가 등 처분의 상대방이 아니라 하더라도 당해 처분의 취소를 구할 원고적격이 있다.

#### 2) 사안의 경우

### (4) 소결

## 3. 소결

갑의 취소소송의 제기는 적법하다.

## Ⅳ 설문의 해결

---

## 제2항 적법한 타자의 법률행위 + 인가거부

## Ⅰ 문제의 소재

취소소송에서 처분이 위법한지를 판단하려면, 갑의 취소소송의 제기가 적법하여야 하고 처분에 하자가 있어야 한다. 이와 관련하여 첫째, ○○인가거부의 법적 성질이 문제된다. 둘째, 갑의 취소소송의 제기가 적법한지 문제된다.

## Ⅱ ○○인가거부의 법적 성질

### 1. 판례

거부가 취소소송의 대상이 되는 처분이 되려면, 그 신청한 행위가 처분이어야 하고, 그 거부행위가 신청인의 법적 상태에 변동을 초래하여야 하며, 그 국민에게 그 행위발동을 요구할 법규상 또는 조리상 신청권이 있어야 한다. 신청권이 있는 처분에 대한 거부행위는 신청인의 법적 상태에 변동을 초래한다.

### 2. 사안의 경우

## Ⅲ 갑의 취소소송의 제기가 적법한지 여부

갑의 취소소송의 제기가 적법하려면, 처분을 취소소송의 대상으로 취소소송의 원고적격, 취소소송의 피고적격, 취소소송의 협의의 소익, 취소소송의 제소기간, 취소소송의 관할법원, 취소소송의 행정심판의 전치 등의 취소소송요건을 모두 충족하여야 한다.[108] ○○인가에 대한 거부는

---

108) 이 문장 하나를 씀으로써 약간의 득점요소가 된다. 또한 취소소송의 절차를 안다는 점을 채점자에게 어필하는 효과가 있다.

Ⅱ. 1.에서 본바 취소소송의 대상인 처분이다. 기타 취소소송요건은 특별히 문제될만한 사정이 엿보이지 않는다. 갑의 취소소송의 제기는 적법하다.

Ⅳ 설문의 해결

제3항 위법한 타자의 법률행위 + 인가의 발령 + 제3자의 소제기[109]

Ⅰ 문제의 소재

취소소송의 제기가 적법하려면, 취소소송의 대상이 되는 처분을 대상으로 취소소송의 원고적격, 취소소송의 피고적격, 취소소송의 협의의 소익, 취소소송의 제소기간, 취소소송의 관할법원, 취소소송의 행정심판의 전치 등의 취소소송요건을 모두 충족하여야 한다. 기타 취소소송요건은 특별히 문제될만한 사정이 엿보이지 않는다. 이와 관련하여 첫째, ○○허가가 취소소송의 대상이 되는 처분인지 문제된다. 둘째, 갑이 취소소송의 원고적격을 충족하는지 문제된다. 셋째, ○○인가취소소송이 취소소송의 협의의 소익요건을 충족하는지 문제된다.

Ⅱ ○○허가가 취소소송의 대상이 되는 처분인지 여부

**1. 문제의 소재**

행정소송법 제19조와 같은 법 제2조 제1항 제1호에 의하면, 취소소송의 대상인 처분이란 행정청이 행하는 구체적 사실에 관한 법집행으로서의 공권력의 행사 또는 그 거부와 그 밖에 이에 준하는 행정작용을 말한다. 이와 관련하여 ○○허가가 취소소송의 대상이 되는 처분인지 문제된다.

**2. ○○허가가 취소소송의 대상이 되는 처분인지 여부**

(1) 판례

취소소송의 대상이 되는 처분이란 행정청이 법규의 외부적 구속력에 의하여 권리를 설정하게 하거나 의무부담을 명하게 하거나 기타 법률상 효과를 발생하게 하는 등 국민의 권리의무에 직접 영향을 미치는 행위이다.

(2) 사안의 경우

○○허가는 타자인 갑과 을의 법률관계를 완성하여 그 법률관계가 유효하게 되도록 하여 주는 효과를 발생하므로 국민의 권리의무에 직접 영향을 미치는 행위로서의 공권력의 행사이다. 이를 강학상 인가라고 한다.

**3. 소결**

○○허가는 강학상 인가로서 행정행위이므로 취소소송의 대상이 되는 처분이다.

---

109) 소제기가 적법한가로 물어보게 될 것이다. 혹은 판결형식, 즉 소송판결형식일지 본안판결형식일지 물어보게 될 것이다.

## Ⅲ 갑이 취소소송의 원고적격을 충족하는지 여부

### 1. 문제의 소재

행정소송법 제12조 제1문에 의하면, 취소소송은 처분 등의 취소를 구할 법률상 이익이 있는 자가 제기할 수 있다. 갑은 ○○인가의 제3자이다. 이와 관련하여 첫째, 법률상 이익의 의미와 법률의 범위가 문제된다. 둘째, 갑이 ○○인가의 취소를 구할 법률상 이익을 가진 자인지 문제된다.

### 2. 법률상 이익의 의미와 법률의 범위

#### (1) 학설

취소소송의 기능과 관련하여 권리구제설, 법률상 보호되는 이익구제설, 소송상 보호가치 있는 이익구제설, 적법성보장설이 있다. 법률상 보호되는 이익구제설 내에서도 법률의 범위와 관련하여 처분의 근거법규에 한정하는 견해, 처분의 근거법규와 관련법규를 고려하는 견해, 처분의 실체법규와 절차법규까지 고려하는 견해, 헌법의 기본권 규정까지 고려하는 견해 등이 있다.

#### (2) 판례

법률상 이익이라 함은 당해 처분의 근거법규 및 관련법규에 의하여 보호되는 개별적·직접적·구체적·법적 이익이다.

#### (3) 검토

권리구제설은 원고적격의 인정범위가 협소하다는 점에서, 소송상 보호가치 있는 이익구제설은 소송상 보호가치 있는 이익인지 판단을 판사의 재량에 일임한다는 점에서, 적법성보장설은 민중소송화 우려가 있다는 점에서 법률상 보호되는 이익구제설이 타당하다. 처분의 근거법규에 한정하는 견해는 원고적격의 인정범위가 좁다는 점에서, 처분의 실체법규와 절차법규까지 고려하는 견해, 헌법의 기본권 규정까지 고려하는 견해 등은 법률상 이익뿐만 아니라 반사적 이익까지 원고적격의 인정범위로 포함시킨다는 점에서 처분의 근거법규와 관련법규를 고려하는 견해가 타당하다.

#### (4) 사안의 경우

사안의 근거법규는 ○○법이다.

### 3. 갑이 ○○인가의 취소를 구할 법률상 이익을 가진 자인지 여부

#### (1) 판례

인·허가 등의 수익적 행정처분을 신청한 수인이 서로 경쟁관계에 있어서 일방에 대한 허가 등의 처분이 타방에 대한 불허가 등으로 귀결될 수밖에 없는 때 허가 등의 처분을 받지 못한 자는 비록 경원자에 대하여 이루어진 허가 등 처분의 상대방이 아니라 하더라도 당해 처분의 취소를 구할 원고적격이 있다.

#### (2) 사안의 경우

### 4. 소결

## Ⅳ ○○허가취소소송이 취소소송의 협의의 소익요건을 충족하는지 여부

### 1. 문제의 소재

취소소송의 협의의 소익이란 행정소송법 제4조 제1호의 취소소송제도를 이용한 권리보호의 필요성을 말한다. 취소소송의 대상이 되는 처분을 대상으로 취소소송의 원고적격을 충족하면 취소소송의 협의의 소익은 원칙적으로 충족된다. 취소소송제도를 이용할 필요성이 있더라도 보다 직접적 권리구제수단이 있거나, 이론상 의미밖에 없거나, 오로지 부당한 목적을 위하여 소송제도를 이용하거나, 소권의 실효가 있는 경우에는 협의의 소익이 존재하지 않는다. 위법한 기본관계인 타자의 법률행위를 이유로 허가의 취소를 구하는 소를 제기하였다. 이와 관련하여 ○○인가를 다투는 것보다 위법한 타자의 법률행위를 직접 다투는 것이 직접적인 권리구제수단인지 문제된다.

### 2. ○○인가를 다투는 것보다 위법한 타자의 법률행위를 직접 다투는 것이 직접적인 권리구제수단인지 여부

#### (1) 학설

인가처분 취소소송의 협의의 소익을 부정한다면 분쟁해결의 일회성의 원칙에 반하며, 수리와 인가처분 사이의 실질적 차이가 없고, 불성립·무효인 기본행위에 대하여 인가가 이루어진 경우 인가처분에 요구되는 필요한 검토가 행정청에 의해 이루어지지 않았음을 의미하기에 인가처분의 위법을 다툴 협의의 소익을 인정해야 한다는 긍정설과 기본행위에 하자가 있으면 원칙적으로 기본행위의 하자가 민사판결에 의하여 확정되어야만 비로소 보충행위인 인가처분의 취소 또는 무효확인을 구할 수 있으며 바로 기본행위의 하자를 이유로 인가처분의 취소 또는 무효확인을 소구할 협의의 소익은 없다는 부정설이 있다.

#### (2) 판례

인가처분에 하자가 없다면 기본행위에 하자가 있다 하더라도 따로 그 기본행위의 하자를 다투는 것은 별론으로 하고 기본행위의 무효를 내세워 바로 그에 대한 행정청의 인가처분의 취소 또는 무효확인을 소구할 법률상의 이익이 있다고 할 수 없다.

#### (3) 검토

행정법원이 인가처분 취소소송에서 기본행위인 민사소송사항을 심리하기는 어렵다고 보아야 하고, 심리할 수 있다고 하더라도 행정법원의 판결과 민사법원의 판결 간에 저촉이 생길 수 있으며, 영업양도·양수에 따른 영업자지위승계신고의 수리와 인가는 그 본질을 달리한다는 점에서 ○○허가를 다투는 것보다 위법한 타자의 법률행위를 직접 다투는 것이 보다 간이한 권리구제수단이라고 보아야 한다는 점에서 부정설과 판례가 타당하다.

#### (4) 사안의 경우

○○허가를 다투는 것보다 위법한 타자의 법률행위를 직접 다투는 것이 직접적인 권리구제수단이다.

### 3. 소결

○○허가취소소송은 취소소송의 협의의 소익요건을 충족하지 못한다.

## Ⓥ 설문의 해결

### 제4항 재건축조합설립인가의 소송형식[110]

#### Ⓘ 문제의 소재

#### Ⓘ 재건축조합설립인가의 법적 성질

#### 1. 판례

취소소송의 대상이 되는 처분은 원칙적으로 행정청의 공법상의 행위로서 특정 사항에 대하여 법규에 의한 권리의 설정 또는 의무의 부담을 명하거나 기타 법률상의 효과를 직접 발생하게 하는 등 국민의 권리의무에 직접 관계가 있는 행위를 말한다.

#### 2. 사안의 경우

행정청이 도시정비법 등 관련 법령에 근거하여 행하는 조합설립인가처분은 재건축조합에게 법령상 요건을 갖출 경우 도시정비법상 주택재건축사업을 시행할 수 있는 권한을 갖는 행정주체로서의 지위를 부여하는 일종의 설권적 처분의 성격을 갖는다. 이는 국민의 권리의무에 직접 관계가 있는 행위이므로 취소소송의 대상이 되는 처분이다.

#### Ⓘ 재건축조합설립결의 무효확인의 소의 소송계속 중 재건축조합설립인가가 발령된 경우 소송상 처리[111]

#### 1. 문제의 소재

소변경이란 소송의 계속 후 당사자, 청구의 취지, 청구의 원인 등 전부 또는 일부를 변경하는 것을 말한다. 원칙적으로 재건축조합설립결의 무효확인의 소의 소송계속 중 재건축조합설립인가가 발령되면, 재건축조합설립결의는 재건축조합설립인가처분의 구성요소로 되므로 재건축조합설립결의 무효확인의 소는 확인의 이익흠결로 부적법소각하판결을 면치 못한다. 재건축조합설립결의 무효확인의 소는 민사소송으로 제기되어 소송계속 중 재건축조합설립인가처분 취소소송이 제기되었다. 이와 관련하여 첫째, 민사소송으로 제기된 재건축조합설립결의 무효확인의 소를 당사자소송인 재건축조합설립결의 무효확인의 소로 소변경이 가능한지 문제된다. 둘째, 당사자소송인 재건축조합설립결의 무효확인의 소를 항고소송인 재건축조합설립인가처분 취소소송으로 소변경을 할 수 있는지 문제된다.

---

110) 관리처분계획결의 무효확인청구소송의 경우도 동일한 구조로 진행된다.

111) 원고가 이 사건 소 중 주택재건축정비사업조합설립 무효확인청구에 의해 다투고자 하는 대상의 실체는 조합설립의 효력으로서, 이를 다투기 위해서는 마땅히 조합설립인가처분에 대한 취소 또는 무효확인을 구하는 방법에 의하여야 할 것이나, 이러한 법리를 제대로 파악하지 못한 채 재건축조합에 대한 설립인가처분을 보충행위로 보았던 종래 실무 관행을 그대로 답습한 나머지 부득이 그 요건에 해당하는 조합설립을 위한 총회결의 무효확인을 구하는 방법을 택한 것으로 보인다고 판례가 판단한 사건이다.

## 2. 민사소송으로 제기된 재건축조합설립결의 무효확인의 소를 당사자소송인 재건축조합설립결의 무효확인의 소로 소변경이 가능한지 여부

### (1) 학설

민사소송의 소변경의 요건은 신·구청구가 동종의 소송절차에 의해 심리될 수 있을 것을 요구하므로 동종의 소송절차가 아닌 민사소송과 행정소송은 소변경의 요건을 충족할 수 없으며, 또한 민사소송의 당사자와 행정소송의 당사자는 다르므로 소변경이 불가능하다는 부정설과 당사자가 형식적으로 변경되나 그 실질은 동일하다는 점에서 실질적으로 당사자의 변경이 없고 당사자의 권리구제나 소송경제를 위해 인정해야 한다는 긍정설이 있다.

### (2) 판례

원고가 고의 또는 중대한 과실 없이 행정소송으로 제기하여야 할 사건을 민사소송으로 잘못 제기한 경우 수소법원으로서는 만약 그 행정소송에 대한 관할도 동시에 가지고 있는 경우라면, 행정소송으로서의 소송요건을 결하고 있음이 명백하여 행정소송으로 제기되었더라도 어차피 부적법하게 되는 경우가 아닌 이상, 원고로 하여금 행정소송으로 소변경을 하도록 하여 그 1심법원으로 심리·판단하여야 한다.

### (3) 검토

행정소송법 제7조는 원고의 고의 또는 중대한 과실 없이 행정소송이 심급을 달리하는 법원에 잘못 제기된 경우에 민사소송법 제34조 제1항을 적용하여 이를 관할법원에 이송하도록 규정하고 있을 뿐 아니라 관할위반의 소를 부적법하다고 하여 각하하는 것보다 관할법원에 이송하는 것이 당사자의 권리구제나 소송경제의 측면에서 바람직하므로 긍정설과 판례가 타당하다.

### (4) 사안의 경우

서울중앙지방법원에 민사소송으로 제기된 재건축조합설립결의 무효확인의 소는 당사자소송인 재건축조합설립결의 무효확인의 소로 소변경이 가능하다. 소변경을 하게 되면 전속관할을 위반한 위법이 있다. 갑이 민사소송으로 잘못 제기한 재건축조합설립결의 무효확인의 소는 재건축조합설립인가처분을 보충행위로 보았던 종래 실무 관행을 그대로 답습한 나머지 부득이 그 요건에 해당하는 조합설립결의 무효확인을 구하는 방법을 택한 것으로 보인다는 점에서 갑의 고의 또는 중대한 과실이 있다고 보이지 않는다. 서울중앙지방법원은 당사자소송의 수소법원인 서울행정법원으로 재건축조합설립결의 무효확인의 소를 이송하여야 한다.

## 3. 당사자소송인 재건축조합설립결의 무효확인의 소를 항고소송인 재건축조합설립인가처분 취소소송으로 소변경을 할 수 있는지 여부

### (1) 법률규정

행정소송법 제42조와 같은 법 제21조 제1항에 의하면, 법원은 당해 처분 등에 관계되는 사무가 귀속하는 국가 또는 공공단체에 대한 당사자소송을 취소소송으로 변경하는 것이 상당하다고 인정할 때에는 청구의 기초에 변경이 없는 한 사실심의 변론종결시까지 원고의 신청에 의하여 결정으로써 소의 변경을 허가할 수 있다.

### (2) 사안의 경우

당사자소송인 재건축조합설립결의 무효확인의 소와 항고소송인 재건축조합설립인가처분 취소소송 사이에는 재건축조합설립결의를 다툰다는 점에서 그 청구의 기초에 변경이 없다. 재건축조합설립결의 무효확인의 소를 이송받은 서울행정법원은 당사자소송인 재건축조합설립결의 무효확인의 소를 항고소송인 재건축조합설립인가처분 취소소송으로 소변경을 할 수 있다.

## 4. 소결

## Ⅳ 설문의 해결

---

### 제2절　　강학상 부관

### 제1항　부관만의 취소소송의 제기가 가능한지 여부(독립쟁송가능성)[112]

### Ⅰ 문제의 소재

갑의 취소소송의 제기가 가능하려면, 취소소송의 대상이 되는 처분을 대상으로 취소소송의 원고적격, 취소소송의 피고적격, 취소소송의 협의의 소익, 취소소송의 제소기간, 취소소송의 관할법원, 취소소송의 행정심판의 전치 등의 취소소송요건을 충족하여야 한다. ○○조건은 주된 행정행위인 △△에 붙여진 것이므로 강학상 부관이다. 기타 취소소송요건은 특별히 문제될만한 사정이 엿보이지 않는다. 이와 관련하여 첫째, ○○조건의 법적 성질이 문제된다. 둘째, ○○조건만을 대상으로 취소소송을 제기할 수 있는지 문제된다.

### Ⅱ ○○조건의 법적 성질

### 1. 주된 행정행위인 △△의 법적 성질

### (1) 강학상 특허(강학상 허가)인지 여부

강학상 특허란 특정인에게 특정한 권리를 설정하는 행위를 말한다. △△는 ~~~.

### (2) 기속행위인지 재량행위인지 여부

#### 1) 판례

기속행위와 재량행위의 구분은 당해 행위의 근거가 된 법규의 체제·형식과 그 문언, 당해 행위가 속하는 행정 분야의 주된 목적과 특성, 당해 행위 자체의 개별적 성질과 유형 등을 모두 고려하여 판단하여야 한다.

#### 2) 사안의 경우

---

112) 취소소송의 소장의 청구취지 1.의 목적어로 쓸 수 있는가의 문제이다.

## 2. ○○조건이 조건인지 부담인지 여부

### (1) 판례

조건인지 부담인지는 행정청의 객관적 의사가 중요하다. 그 의사가 불분명하면, 부담부 행정행위는 부담을 불이행하더라도 별도로 철회를 하지 않는 한 당연히 효력이 소멸하지 않지만, 해제조건부 행정행위는 조건의 성취로 행정행위의 효력이 당연히 소멸되므로 최소침해의 원칙상 부담으로 보아야 할 것이다.

### (2) 사안의 경우

○○조건이 조건인지 부담인지 행정청의 객관적 의사가 불분명하다. ○○조건은 최소침해의 원칙상 부담이다.

## Ⅲ ○○조건만을 대상으로 취소소송을 제기할 수 있는지 여부

## 1. 문제의 소재

행정소송법 제19조와 같은 법 제2조 제1항 제1호에 의하면, 취소소송의 대상이 되는 처분이란 행정청이 행하는 구체적 사실에 관한 법집행으로서의 공권력의 행사 또는 그 거부와 그밖에 이에 준하는 행정작용을 말한다. 이와 관련하여 ○○조건만 독립하여 쟁송이 가능한지 문제된다.

## 2. ○○조건만 독립하여 쟁송이 가능한지 여부

### (1) 학설

부관 중 부담은 그 자체가 독립된 행정행위이므로 독립하여 쟁송의 대상이 되지만, 그 이외의 부관은 그 자체가 독립된 행정행위가 아니므로 행정쟁송의 대상이 될 수 없고 부관부 행정행위 전체를 소의 대상으로 하여야 한다는 부담과 기타 부관을 구분하는 견해, '처분의 일부취소'가 가능한 만큼 소의 이익이 있는 한 부담이든 조건이든 가리지 않고 모든 부관에 대하여 독립하여 행정쟁송을 제기하는 것이 가능하다는 모든 부관이 독립쟁송가능하다는 견해, 부관만의 독립취소가 법원에 의하여 인정될 정도의 독자성을 갖는 부관이라면 그 처분성 인정 여부와 무관하게 행정쟁송을 통하여 독자적으로 다툴 수 있다는 분리가능성을 기준으로 하는 견해[113] 등이 있다.

### (2) 판례

부담의 경우에는 '다른 부관과는 달리 행정행위의 불가분적인 요소가 아니고 그 존속이 본체인 행정행위의 존재를 전제로 하는 것일 뿐'이므로 부담만은 독립하여 다툴 수 있다.

### (3) 검토

모든 부관이 독립쟁송가능하다는 견해는 원고적격의 관점과 독립쟁송가능성의 문제를 혼동하여 부관과 주된 행정행위 간의 객관적인 고찰을 소홀히 한다는 점에서, 부관의 독립쟁송

---

[113] 분리가능성의 판단기준으로 부관이 없어도 주된 행정행위가 적법하게 존속할 수 있을 것과 부관이 없어도 주된 행정행위가 달성하려는 일정한 정도의 공익에 장애가 발생하지 않을 것을 들고 있다.

가능성을 처분성의 문제가 아니라 법원에 의한 부관의 독자적인 취소가능성의 전제조건의 문제로 파악하고 처분성은 부관에 대한 쟁송형태의 문제로 파악하는 분리가능성을 기준으로 하는 견해는 행정소송법 제19조의 명문규정에 맞지 않는 해석이라는 점에서 행정소송법 제19조에 의하여 처분성을 기준으로 하여 부관의 독립쟁송가능성을 판단하는 부담과 기타 부관을 구분하여 부담만이 가능하다는 견해와 판례가 타당하다.

### (4) 사안의 경우

○○조건은 부담이므로 조건만 독립하여 쟁송이 가능하다.

## 3. 소결

○○조건만을 대상으로 취소소송을 제기할 수 있다.

## Ⅳ 설문의 해결

---

### 제2항 부관만의 취소소송의 제기가 가능한지, 부관만의 일부취소가 가능한지 여부(주된 행위가 재량행위)

## Ⅰ 문제의 소재

갑의 청구가 인용되려면 취소소송의 제기가 가능하여야 하고, 처분이 위법하여야 한다. 이와 관련하여 첫째, ○○조건의 법적 성질이 문제된다. 둘째, 취소소송의 제기가 가능한지 문제된다. 셋째, 주된 행위인 △△에 붙여진 ○○조건만 취소가 가능한지 문제된다.

## Ⅱ ○○조건의 법적 성질

## 1. 조건이 부가된 △△의 법적 성질

### (1) 강학상 특허(강학상 허가)인지 여부

강학상 특허란 특정인에게 특정한 권리를 설정하는 행위를 말한다. △△는 ~~~.

### (2) 기속행위인지 재량행위인지 여부

#### 1) 판례

기속행위와 재량행위의 구분은 당해 행위의 근거가 된 법규의 체제·형식과 그 문언, 당해 행위가 속하는 행정 분야의 주된 목적과 특성, 당해 행위 자체의 개별적 성질과 유형 등을 모두 고려하여 판단하여야 한다.

#### 2) 사안의 경우

당해 행위의 근거가 법규의 체제·형식과 그 문언상 불분명하나 당해 행위 자체의 개별적 성질이 형성적 행위이므로 재량행위이다.

## 2. ○○조건이 조건인지 부담인지 여부

### (1) 판례

조건인지 부담인지는 행정청의 객관적 의사가 중요하다. 그 의사가 불분명하면, 부담부 행정행위는 부담을 불이행하더라도 별도로 철회를 하지 않는 한 당연히 효력이 소멸하지 않지만, 해제조건부 행정행위는 조건의 성취로 행정행위의 효력이 당연히 소멸되므로 최소침해의 원칙상 상대방에게 유리하도록 부담으로 보아야 할 것이다.

### (2) 사안의 경우

행정청의 객관적 의사에 의하면 조건이 분명하다.

## Ⅲ 취소소송의 제기가 가능한지 여부

## 1. 문제의 소재

취소소송의 제기가 가능하려면, 취소소송의 대상이 되는 처분을 대상으로 취소소송의 원고적격, 취소소송의 피고적격, 취소소송의 협의의 소익, 취소소송의 제소기간, 취소소송의 관할법원, 취소소송의 행정심판의 전치 등 취소소송요건을 충족하여야 한다. 갑은 ○○조건을 대상으로 취소소송을 제기하고자 한다. 기타 취소소송요건은 특별히 문제될만한 사정이 엿보이지 않는다. 이와 관련하여 ○○조건만을 독립하여 취소소송의 대상으로 할 수 있는지 문제된다.

## 2. ○○조건만을 독립하여 취소소송의 대상으로 할 수 있는지 여부

### (1) 학설

부관 중 부담은 그 자체가 독립된 행정행위이므로 독립하여 쟁송의 대상이 되지만, 그 이외의 부관은 그 자체가 독립된 행정행위가 아니므로 행정쟁송의 대상이 될 수 없고 부관부 행정행위 전체를 소의 대상으로 하여야 한다는 부담과 기타 부관을 구분하는 견해, '처분의 일부취소'가 가능한 만큼 소의 이익이 있는 한 부담이든 조건이든 가리지 않고 모든 부관에 대하여 독립하여 행정쟁송을 제기하는 것이 가능하다는 모든 부관이 독립쟁송가능하다는 견해, 부관만의 독립취소가 법원에 의하여 인정될 정도의 독자성을 갖는 부관이라면 그 처분성 인정 여부와 무관하게 행정쟁송을 통하여 독자적으로 다툴 수 있다는 분리가능성을 기준으로 하는 견해[114] 등이 있다.

### (2) 판례

부담의 경우에는 '다른 부관과는 달리 행정행위의 불가분적인 요소가 아니고 그 존속이 본체인 행정행위의 존재를 전제로 하는 것일 뿐'이므로 부담만은 독립하여 다툴 수 있다.

### (3) 검토

모든 부관이 독립쟁송가능하다는 견해는 원고적격의 관점과 독립쟁송가능성의 문제를 혼동하여 부관과 주된 행정행위 간의 객관적인 고찰을 소홀히 한다는 점에서, 부관의 독립쟁송

---

114) 분리가능성의 판단기준으로 부관이 없어도 주된 행정행위가 적법하게 존속할 수 있을 것과 부관이 없어도 주된 행정행위가 달성하려는 일정한 정도의 공익에 장애가 발생하지 않을 것을 들고 있다.

가능성을 처분성의 문제가 아니라 법원에 의한 부관의 독자적인 취소가능성의 전제조건의 문제로 파악하고 처분성은 부관에 대한 쟁송형태의 문제로 파악하는 분리가능성을 기준으로 하는 견해는 행정소송법 제19조의 명문규정에 맞지 않는 해석이라는 점에서 행정소송법 제19조에 의하여 처분성을 기준으로 하여 처분인 부담과 처분이 아닌 기타 부관을 구별하여 부담은 독립쟁송이 가능하지만, 기타 부관은 독립쟁송이 가능하지 않다는 견해와 판례가 타당하다.

### (4) 사안의 경우

조건인 ○○조건은 부담과 달리 처분이 아니므로 독립쟁송이 가능하지 않아 독립하여 취소소송의 대상으로 할 수 있지 않다. 갑은 ○○조건부법률행위 전체의 취소를 구하는 소송을 제기하여야 한다.

## 3. 소결

강학상 조건인 ○○조건은 처분이 아니어서 행정소송법 제19조의 취소소송의 대상이 되지 못하므로 독립하여 쟁송하지 못한다. ○○조건부법률행위 전체의 취소를 구하는 소송을 제기하여야 한다.

## Ⅳ 주된 행위인 △△에 붙여진 ○○조건만 취소가 가능한지 여부

## 1. 학설

독립취소가능성의 문제는 기본적으로 당해 부관과 본체인 행정행위와의 관련성에 따라 결정되는 것으로 본체인 행정행위가 기속행위인지 재량행위인지에 따라 그 내용을 달리한다고 보아 재량행위와 기속행위를 구분하는 견해[115], 법원은 위법한 부관이 주된 행정행위의 중요한 요소가 되지 않은 경우에는 부관만을 일부취소할 수 있지만, 부관이 주된 행정행위의 중요한 요소가 되는 경우에는 부관부 행정행위 전체를 취소해야 한다는 중요성을 기준으로 하는 견해[116], 부관에 하자가 있다면 법원은 부관부분만을 취소할 수 있다는 부관의 위법성을 기준으로 하는 견해[117] 등이 있다.

## 2. 판례

독립쟁송이 가능한 부담만 독립하여 취소될 수 있고, 그 이외의 부관은 독립하여 취소의 대상이 되지 않는다.

---

115) 부관의 종류를 불문하고 부관을 부가하지 않고는 행정청이 당해 행정행위를 하지 않았을 것이라 판단되는 경우에는 부관만의 취소는 인정되지 아니한다. 그리고 기속행위의 경우, 행정청이 임의로 부관을 붙일 수 없으므로 부관만의 취소는 가능하지만, 요건충족적 부관의 경우에는 부관만의 취소가 인정될 수 없다. 그리고 재량행위의 경우, 부관이 행정행위의 본질적 요소이어서 그 부관 없이는 당해 행위를 하지 않았을 것으로 판단되는 경우에는 부관의 취소는 인정되지 아니한다.

116) 독일행정절차법 제44조 제4항의 법리를 활용하고 있다.

117) 소송물이론에 따른 견해로 "부관에 위법성이 존재하면 부관만을 취소할 수 있다. 취소소송의 소송물은 부관 자체의 위법성이기 때문이다."라고 한다.

## 3. 검토

재량행위와 기속행위를 구분하는 견해는 위법하게 침해된 사인의 권리는 회복되어야 하고, 또한 부관의 취소 후에 남는 부분이 행정청의 의사에 반하는 것이라면 행정청은 행정행위의 철회·직권취소 또는 부관의 새로운 발령을 통해 대응할 수 있으므로 부관의 독립취소가 재량행위라고 해서 문제되지는 않는다는 점에서, 부관의 위법성을 기준으로 하는 견해는 일응 합목적적이라 하나 여전히 부관부 행정행위 전체의 취소를 구하는 처분권주의에 의한 제한을 받을 수밖에 없다는 점에서 중요성을 기준으로 하는 견해와 판례가 타당하다. 다만 판례는 위법한 부관이 중요부분이 아닌 경우에는 기각판결을 하고, 중요부분이면 부관부 행정행위에 대해 전부취소의 판결을 한다.

## 4. 사안의 경우

## Ⅴ 설문의 해결

---

### 제3절　처분적 법규

#### 제1항　두밀분교폐지조례

### Ⅰ 문제의 소재[118]

첫째, 두밀분교폐지조례의 법적 성질이 문제된다. 둘째, 두밀분교폐지조례에 대한 소제기가 적법한지와 집행정지가 가능한지 문제된다. 셋째, 두밀분교폐지조례가 위법한지 문제된다.

### Ⅱ 두밀분교폐지조례의 법적 성질

## 1. 문제의 소재

행정소송법(이하 동법이라 함) 제19조와 동법 제2조 제1항 제1호에 의하면 취소소송의 대상이 되는 처분이란 행정청이 행하는 구체적 사실에 관한 법집행으로서의 공권력의 행사 또는 그 거부와 그밖에 이에 준하는 행정작용이다. 두밀분교폐지조례는 행정청인 경기도 의회가 그 내용을 의결하고, 행정청인 경기도지사가 공포한 자치입법인 규범으로서 행정입법이다. 일반적으로 조례는 헌법 제107조 제2항의 규칙으로 본다. 두밀분교폐지조례는 행정입법으로서 강학상 행정행위밖에 행정작용이다. 이와 관련하여 두밀분교폐지조례가 항고소송의 대상이 되는 처분인지 문제된다.

## 2. 두밀분교폐지조례가 항고소송의 대상이 되는 처분인지 여부

### (1) 판례

항고소송의 대상이 되는 행정청의 처분은 원칙적으로 행정청의 공법상 행위로서 특정 사항에

---

118) 제시문의 끝 문장을 조건형식으로 받으면서, 그 조건을 만족시키는 내용을 명령문 형식으로 서술하면 된다.

대하여 법규에 의한 권리의 설정 또는 의무의 부담을 명하거나 기타 법률상의 효과를 직접 발생하게 하는 등 국민의 권리·의무에 직접 관계가 있는 행위를 말한다.

### (2) 사안의 경우

두밀분교폐지조례는 조례라는 추상적·일반적 형식을 빌어 두밀분교의 폐지라는 개별적·구체적 효과를 직접 발생하게 하므로 강학상 행정행위의 성질을 갖는다. 두밀분교폐지조례는 강학상 행정행위에 준하는 행정작용이다.

## 3. 소결

두밀분교폐지조례는 강학상 행정행위밖에 강학상 행정행위에 준하는 행정작용으로서 취소소송의 대상이 되는 처분이다. 이에 대해서 두밀분교폐지조례는 동법 제2조 제1항 제1호에 의하여 행정청이 행하는 구체적 사실에 관한 법집행으로서의 공권력 행사이면서 개별적·직접적 외부효를 갖는 법적 행위이므로 동법 제19조에 의하여 취소소송의 대상이 된다는 견해가 있다. 어떤 견해에 의하든 이는 소위 처분적 법규로서 취소소송의 대상이다. 입법작용은 그 성질상 형성적이므로 처분적 법규는 행정청의 재량에 속하는 처분이다.

## Ⅲ 두밀분교폐지조례에 대한 취소소송의 제기가 적법한지와 집행정지가 가능한지 여부

### 1. 취소소송의 제기요건[119]

### 2. 사안의 경우

## Ⅳ 두밀분교폐지조례가 위법한지 여부

## Ⅴ 설문의 해결


## 제2항 약제급여목록 및 급여상한금액표에 관한 보건복지부 고시

### type 1 보건복지부 고시에 대한 소제기가 가능한가?

## Ⅰ 문제의 소재

취소소송의 제기가 가능하려면, 처분을 취소소송의 대상으로, 취소소송의 원고적격, 취소소송의 피고적격, 취소소송의 협의의 소익, 취소소송의 제소기간, 취소소송의 관할법원, 취소소송의 행정심판의 전치 등의 요건을 충족하여야 한다. 기타 취소소송요건은 특별히 문제될만한 사정이 엿보이지 않는다. 이와 관련하여 첫째, 보건복지부 고시가 취소소송의 대상이 되는 처분인지 문제된다. 둘째, 乙이 취소소송의 원고적격을 충족하는지 문제된다.

---

119) 이미 학습하였으므로 되새기면 된다.

## Ⅱ 보건복지부 고시가 취소소송의 대상이 되는 처분인지 여부

### 1. 문제의 소재

행정소송법(이하 동법이라 함) 제19조와 동법 제2조 제1항 제1호에 의하면 취소소송의 대상이 되는 처분이란 행정청이 행하는 구체적 사실에 관한 법집행으로서의 공권력의 행사 또는 그 거부와 그밖에 이에 준하는 행정작용을 말한다. 보건복지부장관은 乙에 대하여 특정공급약제의 상한액을 정하므로 행정청이 행하는 구체적 사실에 관한 법집행이다. 이와 관련하여 첫째, 보건복지부 고시의 법적 성질이 문제된다. 둘째, 보건복지부 고시가 취소소송의 대상이 되는 처분인지 문제된다.

### 2. 보건복지부 고시의 법적 성질

#### (1) 학설

상위법령의 위임이 있고 상위법령을 보충·구체화하는 기능이 있는 고시·훈령은 대외적으로 구속력 있는 법규명령의 성질을 가지며, 헌법 제75조·제95조의 법규명령의 형식은 예시적이라는 법규명령설, 헌법이 규정하는 법규명령의 형식은 헌법 제75조·제95조에 한정적으로 열거되어 있다는 행정규칙설, 형식 그대로 행정규칙으로 보지만 대외적 구속력을 긍정하는 규범구체화행정규칙설, 헌법상 법규명령은 한정적인 것이므로 행정규칙 형식의 법규명령은 허용되지 않아 위헌·무효라는 위헌무효설이 있다.

#### (2) 판례

'소득세법 시행령에 근거한 국세청 훈령인 재산제세사무처리규정'의 법규성을 인정한 이래 행정규칙 형식의 법규명령에 대해 그 성질을 법규명령으로 보면서 대외적 효력을 인정하고 있다. 다만, 상위법령의 위임이 있어야 하고, 상위법령의 내용을 보충·구체화하는 기능을 가져야 하며, 상위법령의 위임의 한계를 벗어나지 않는다면 상위법령과 결합하여 대외적 효력이 인정된다고 본다. 만일 상위법령에서 세부사항을 시행규칙으로 정하도록 위임하였음에도 이를 고시 등 행정규칙으로 정하였다면 그 규칙은 법규명령으로서 효력이 인정될 수 없다.[120]

#### (3) 검토

행정규제기본법 제4조 제2항 단서의 취지에 비추어 고시에 의해서도 대외적 효력이 인정된다는 판례가 타당하다.

#### (4) 사안의 경우

보건복지부 고시는 ○○법 제○○조 제○○항의 위임에 의하여 제정된 것이므로 위임의 한계를 벗어났다는 특별한 사정이 엿보이지 않는다. 보건복지부 고시는 법령보충적 행정규칙으로서 상위법률인 ○○법과 결합하여 대외적 효력이 인정되는 법규로서의 성질을 가지므로 강학상 행정행위밖에 행정작용이다.

---

120) 대판 2012.7.5, 2010다72076

## 3. 보건복지부 고시가 취소소송의 대상이 되는 처분인지 여부

### (1) 판례

취소소송의 대상이 되는 처분은 원칙적으로 행정청의 공법상의 행위로서 특정 사항에 대하여 법규에 의한 권리의 설정 또는 의무의 부담을 명하거나 기타 법률상의 효과를 직접 발생하게 하는 등 국민의 권리의무에 직접 관계가 있는 행위를 말한다. 따라서 어떠한 고시가 일반적·추상적 성격을 가질 때에는 법규명령 또는 행정규칙에 해당할 것이지만, 다른 집행행위의 매개 없이 그 자체로서 직접 국민의 구체적인 권리의무나 법률관계를 규율하는 성격을 가질 때에는 행정처분에 해당한다.

### (2) 사안의 경우

약제급여·비급여목록 및 급여상한금액표에 관한 보건복지부 고시는 ① 약제의 지급과 비용의 청구행위가 있기만 하면 달리 행정청의 특별한 집행행위의 개입 없이 적용되는 점, ② 특정 제약회사의 특정 약제에 대하여 국민건강보험가입자 또는 국민건강보험공단이 지급하여야 하거나 요양기관이 상환받을 수 있는 약제비용의 구체적 한도액을 특정하여 설정하고 있는 점, ③ 약제급여·비급여목록 및 급여상한금액표에 관한 보건복지부 고시에 의한 특정 약제의 상한금액의 변동은 곧바로 국민건강보험가입자 또는 국민건강보험공단이 지급하여야 하거나 요양기관이 상환받을 수 있는 약제비용을 변동시킬 수 있다는 점 등에서 다른 집행행위의 매개 없이 그 자체로서 국민건강보험가입자, 국민건강보험공단, 요양기관 등의 법률관계를 직접 규율하는 성격을 가지므로 강학상 행정행위로서의 성질을 가진다. 보건복지부 고시는 강학상 행정행위에 준하는 행정작용이다.

## 4. 소결

보건복지부 고시는 강학상 행정행위밖에 행정작용이면서 취소소송의 대상이 되는 처분이다. 이를 처분적 고시라 한다. 이에 대해서 보건복지부 고시는 동법 제2조 제1항 제1호의 행정청이 행하는 구체적 사실에 관한 법집행으로서의 공권력 행사이면서 개별적·구체적 외부효를 가진 법적 행위이므로 동법 제19조에 의하여 취소소송의 대상이 된다는 견해가 있다.

## Ⅲ 乙이 취소소송의 원고적격을 충족하는지 여부

## 1. 문제의 소재

동법 제12조 제1문에 의하면 취소소송은 처분 등의 취소를 구할 법률상 이익이 있는 자가 제기할 수 있다. 乙은 처분적 고시의 제3자이다. 이와 관련하여 첫째, 법률상 이익의 의미와 법률의 범위가 문제된다. 둘째, 乙이 보건복지부 고시의 취소를 구할 법률상 이익이 있는 자인지 문제된다.

## 2. 법률상 이익의 의미와 법률의 범위

### (1) 학설

취소소송의 기능과 관련하여 권리구제설, 법률상 보호되는 이익구제설, 보호할 가치 있는 이익구제설, 적법성보장설이 있다. 법률상 보호되는 이익구제설 내에서도 법률의 범위와 관련하여 처분의 근거법규만을 고려하는 견해, 처분의 근거법규 외에 관련법규를 고려하는 견해, 처분의 실체법령뿐만 아니라 절차법령까지 고려하는 견해, 헌법의 기본권 규정까지 고려하는 견해 등이 있다.

### (2) 판례

법률상 이익이란 처분의 근거법규와 관련법규에 의하여 보호되는 개별적·직접적·구체적·법적 이익이다.

### (3) 검토

권리구제설은 원고적격의 인정범위가 협소하다는 점에서, 보호할 가치 있는 이익구제설은 보호할 가치인지의 판단을 판사의 자의적 판단에 맡긴다는 점에서, 적법성보장설은 민중소송화 우려가 있다는 점에서 법률상 보호되는 이익구제설이 타당하다. 처분의 근거법규만을 고려하는 견해는 법률상 이익의 인정범위가 협소하다는 점에서, 처분의 실체법령뿐만 아니라 절차법령까지 고려하는 견해와 헌법의 기본권 규정까지 고려하는 견해는 반사적 이익도 법률상 이익으로 본다는 점에서 처분의 근거법규 외에 관련법규를 고려하는 견해가 타당하다.

### (4) 사안의 경우

법률상 이익이란 근거법규인 ○○법, ○○법 시행령, 보건복지부 고시에 의하여 보호되는 개별적·직접적·구체적·법적 이익이다.

## 3. 乙이 보건복지부 고시의 취소를 구할 법률상 이익이 있는 자인지 여부

### (1) 판례

당해 처분의 근거법규 및 관련법규에 의하여 보호되는 법률상 이익은 당해 처분의 근거법규의 명문 규정에 의하여 보호받는 법률상 이익, 당해 처분의 행정목적을 달성하기 위한 일련의 단계적인 관련 처분들의 근거법규에 의하여 명시적으로 보호받는 법률상 이익, 당해 처분의 근거법규 또는 관련법규에서 명시적으로 당해 이익을 보호하는 명문의 규정이 없더라도 근거법규 및 관련법규의 합리적 해석상 그 법규에서 행정청을 제약하는 이유가 순수한 공익의 보호만이 아닌 개별적·직접적·구체적 이익을 보호하는 취지가 포함되어 있다고 해석되는 경우까지를 말한다.

### (2) 사안의 경우

이 사건 고시로 이 사건 약제에 대한 상한금액이 인하되면 요양기관에 이 사건 약제를 공급하는 제약회사인 乙은 그 공급가격을 상한금액의 범위 내로 인하할 수밖에 없게 되어 상한금액의 인하에 직접적으로 영향을 받게 됨으로써 그 이익을 침해받게 되는 점을 보면 근거법규 및 관련법규의 합리적 해석상 개별적·직접적·구체적 이익을 가진 자이다. 乙은 보건복지부 고시의 취소를 구할 법률상 이익이 있는 자이다.

## Ⅳ 설문의 해결

乙의 보건복지부 고시를 대상으로 한 취소소송의 제기는 가능하다.

### type 2 위법한 보건복지부 고시에 대한 사정판결이 가능한가?

## Ⅰ 문제의 소재

행정소송법 제28조 제1항에 의하면 원고의 청구가 이유 있다고 인정하는 경우에도 처분 등을 취소하는 것이 현저히 공공복리에 적합하지 아니하다고 인정하는 때에는 법원은 원고의 청구를 기각할 수 있다. 이 경우 법원은 그 판결의 주문에서 그 처분 등이 위법함을 명시하여야 한다. 보건복지부 고시는 위법하여 원고의 청구가 이유 있다. 이와 관련하여 첫째, 처분청인 甲의 사정판결 신청이 없더라도 사정판결이 가능한지 문제된다. 둘째, 보건복지부 고시를 취소하는 것이 현저히 공공복리에 적합하지 아니한지 문제된다.

## Ⅱ 처분청인 甲의 사정판결 신청이 없더라도 사정판결이 가능한지 여부

### 1. 학설

행정소송법 제26조를 적용하여 직권으로 사정판결을 할 수 있다는 긍정설과 판결에는 행정소송법 제26조를 적용하지 못하며 행정소송법 제8조 제2항에 의하여 변론주의가 적용되므로 직권으로 할 수 없다는 부정설, 그리고 기록에 나타난 여러 사정을 기초로 직권으로 사정판결을 할 수 있다는 제한적 긍정설이 있다.

### 2. 판례

행정소송법 제26조를 근거로 당사자의 명백한 주장이 없는 경우에도 기록에 나타난 여러 사정을 기초로 직권으로 사정판결할 수 있다고 본다.

### 3. 검토

행정소송법 제28조 제1항의 법문언과 본안에 관한 적용법조인 같은 법 제26조에 의하여 긍정설과 판례가 타당하다.

### 4. 사안의 경우

처분청인 甲의 사정판결 신청이 없더라도 수소법원은 사정판결이 가능하다.

## Ⅲ 보건복지부 고시를 취소하는 것이 현저히 공공복리에 적합하지 아니한지 여부

### 1. 판례

처분의 취소가 현저히 공공복리에 적합하지 아니한지 여부는 위법한 행정처분을 취소·변경하여야 할 필요와 그 취소·변경으로 인하여 발생할 수 있는 공공복리에 반하는 사태 등을 비교·교량하여 판단하여야 할 것이다. 그 판단시는 판결시이다. 현저히 공공복리에 적합하지 아니한 경우란 재정운용상의 현저한 악화 또는 제도운영상의 현저한 지장을 의미한다.

## 2. 사안의 경우

이 사건 고시 중 이 사건 약제의 상한금액 부분의 취소로 인하여 회복되는 적법성으로 인해 이 사건 약제와 관련된 건강보험가입자의 본인부담금 정산문제의 불편이 생길 가능성 등이 있으나 이는 건강보험재정운용상 직접적으로 중대한 영향을 미치거나 건강보험제도운영상 막대한 지장을 초래한다고 보기 어렵다. 보건복지부 고시를 취소하는 것이 현저히 공공복리에 적합하지 아니한 것은 아니다.

## Ⅳ 설문의 해결

수소법원은 사정판결을 하여서는 아니 된다.

---

## 제4절　구속적 계획

## Ⅰ 문제의 소재[121]

첫째, ○○도시계획결정의 법적 성질이 문제된다. 둘째, ○○도시계획결정에 대한 소제기가 적법한지 문제된다.

## Ⅱ ○○도시계획결정의 법적 성질

## 1. 문제의 소재

행정소송법(이하 동법이라 함) 제19조와 동법 제2조 제1항 제1호에 의하면 취소소송의 대상이 되는 처분이란 행정청이 행하는 구체적 사실에 관한 법집행으로서의 공권력의 행사 또는 그 거부와 그밖에 이에 준하는 행정작용이다. ○○도시계획결정은 행정에 관한 전문적·기술적 판단을 기초로 하여 특정한 행정목표를 달성하기 위하여 서로 관련되는 행정수단을 종합·조정함으로써 장래의 일정한 시점에 있어서 일정한 질서를 형성하기 위하여 설정된 활동기준인 행정계획이므로 강학상 행정행위밖에 행정작용이다. 이와 관련하여 ○○도시계획결정이 취소소송의 대상이 되는 처분인지 문제된다.

## 2. ○○도시계획결정이 취소소송의 대상이 되는 처분인지 여부

### (1) 판례

항고소송의 대상이 되는 행정청의 처분은 원칙적으로 행정청의 공법상 행위로서 특정 사항에 대하여 법규에 의한 권리의 설정 또는 의무의 부담을 명하거나 기타 법률상의 효과를 직접 발생하게 하는 등 국민의 권리·의무에 직접 관계가 있는 행위를 말한다.

---

121) 대전제 설정 - 전제상황의 제시. 제시문의 끝 문장을 조건형식으로 받으면서, 그 조건을 만족시키는 내용을 명령문 형식으로 서술하면 된다. 명령문의 구성요소들을 '~ 문제된다.'로 뽑아내면 된다.

### (2) 사안의 경우

도시계획결정이 고시되면 토지 및 건물소유자에게 토지형질변경의 금지, 건물의 증축·개축·신축이 금지되는 부작위의무의 부담을 명하므로 고시된 ○○도시계획결정은 국민의 권리·의무에 직접 관계가 있는 행위로서 강학상 행정행위의 성질을 갖는다. ○○도시계획결정은 강학상 행정행위에 준하는 행정작용이다.

## 3. 소결

고시된 ○○도시계획결정은 강학상 행정행위밖에 행정작용이면서 취소소송의 대상이 되는 처분이다. 이를 구속적 계획이라 한다. 이에 대해서 고시된 도시계획결정은 동법 제2조 제1항 제1호의 행정청이 행하는 구체적 사실에 관한 법집행으로서의 공권력의 행사이면서 개별적·구체적 외부효를 가진 법적 행위이므로 동법 제19조에 의하여 취소소송의 대상이라는 이원설이 있다. 어느 견해에 의하든 처분이면서 취소소송의 대상이다.

## Ⅲ ○○도시계획결정에 대한 소제기가 적법한지 여부

## 1. 취소소송의 제기요건

## 2. 사안의 경우

## Ⅳ 사안의 해결

박문각 공인노무사

행정소송 중
항고소송으로서
무효등확인소송

# 무효확인소송 – 소제기 적법성과 처분의 위법성, 위법성의 정도

## Ⅰ 문제의 소재

무효확인소송으로 권리구제가 가능하려면, 무효확인소송의 제기가 적법하여야 하고, 처분이 위법하여야 하며, 그 위법성의 정도가 중대·명백하여야 한다. 이와 관련하여 첫째, 갑의 무효확인소송의 제기가 적법한지 문제된다. 둘째, ○○처분의 위법성의 정도가 중대·명백한지 문제된다.

## Ⅱ 갑의 무효확인소송의 제기가 적법한지 여부

### 1. 문제의 소재

무효확인소송의 제기가 적법하려면, 무효확인소송의 대상이 되는 처분을 대상으로 무효확인소송의 원고적격, 무효확인소송의 피고적격, 무효확인소송의 협의의 소익, 무효확인소송의 관할법원 등의 무효확인소송요건을 충족하여야 한다. ○○처분은 강학상 하명인 법률행위적 행정행위로서 무효확인소송의 대상이 되고, 甲은 침익적 행정행위의 직접 상대방이므로 무효확인소송의 원고적격이 인정된다. 기타 무효확인소송요건은 특별히 문제될만한 사정이 엿보이지 않는다. 이와 관련하여 ○○처분무효확인소송의 성질이 확인소송이라는 점에서 무효확인소송의 협의의 소익으로서 즉시확정의 이익이 필요한지 문제된다.

### 2. ○○처분무효확인소송의 성질이 확인소송이라는 점에서 무효확인소송의 협의의 소익으로서 즉시확정의 이익이 필요한지 여부

#### (1) 학설

무효확인소송도 그 성질이 확인소송인 한 민사소송의 확인의 소와 동일하게 즉시확정의 이익이 필요하다는 견해와 항고소송으로서 무효확인소송은 그 성질이 확인소송이기는 하나 민사소송의 확인의 소와 달리 법률상 이익만으로 족하다는 견해가 있다.

#### (2) 판례

행정소송은 민사소송과는 목적, 취지 및 기능 등을 달리하므로 행정처분의 근거 법률에 의하여 보호되는 직접적이고 구체적인 이익이 있는 경우에는 행정소송법 제35조에 규정된 무효확인을 구할 법률상 이익이 있다고 보아야 하고, 이와 별도로 무효확인소송의 보충성이 요구되는 것은 아니다.

#### (3) 검토

행정소송법 제38조 제1항은 같은 법 제30조의 취소판결의 기속력을 무효확인소송에도 준용하고 있기 때문에 무효확인판결 자체만으로도 원상회복 등 실효성이 있으므로 법률상 이익만으로 족하며 별도로 즉시확정의 이익은 필요하지 않다는 견해와 판례가 타당하다.

### (4) 사안의 경우

갑이 제기한 ○○처분무효확인소송은 갑에게 법률상 이익이 있으므로 무효확인소송의 협의의 소익이 있다.

## 3. 소결

갑이 제기한 ○○처분무효확인소송은 적법하다.

## Ⅲ ○○처분의 위법성의 정도가 중대·명백한지 여부

### 1. 판례

하자 있는 처분이 당연무효가 되기 위해서는 그 하자가 법규의 중요한 부분을 위반한 중대한 것으로서 객관적으로 명백한 것이어야 한다.

### 2. 사안의 경우

## Ⅳ 설문의 해결

본안에서 처분의 위법성의 정도가 취소사유로 판단된 경우이므로 법원은 원칙적으로 기각판결을 하여야 한다. 다만 판례[122]에 의하면 취소소송의 제기요건을 갖춘 경우라면 바로 취소인용판결이 가능하다. 취소소송의 제소기간 내에 무효확인소송을 제기하였다면 취소인용판결이 가능하므로 갑의 권리구제가 가능하나, 그렇지 않다면 무효확인기각판결을 면치 못하여 갑의 권리구제가 가능하지 않다.

---

[122] "행정처분의 무효확인을 구하는 소에는 그 처분이 만약 당연무효가 아니라면 그 취소를 구하는 취지도 포함되어 있는 것으로 보아야 한다."고 판시한 바 있다.

# 02 | 무효확인소송의 협의의 소익

## Ⅰ 문제의 소재

무효확인소송을 제기하려면, 처분을 무효확인소송의 대상으로, 무효확인소송의 원고적격, 무효확인소송의 피고적격, 무효확인소송의 협의의 소익, 무효확인소송의 관할법원 등의 무효확인소송요건을 충족하여야 한다. ○○은 강학상 하명이어서 무효확인소송의 대상이 되는 처분임에 분명하고, 갑은 ○○처분의 제3자이나 침익적 효과를 받는 자이므로 무효확인소송의 원고적격도 충족한다. 기타 무효확인소송요건은 특별히 문제될만한 사정이 엿보이지 않는다. 이와 관련하여 첫째, ○○처분무효확인소송의 법적 성질이 확인소송이므로 무효확인소송의 협의의 소익으로서 확인의 이익이 필요한지 문제된다. 둘째, 영업양도행위가 무효라고 주장하며 제기하는 영업자지위승계신고수리처분 무효확인소송보다 민사소송인 영업양도행위 무효확인소송이 보다 간이한 권리구제수단인지 문제된다.

## Ⅱ ○○처분무효확인소송의 법적 성질이 확인소송이므로 무효확인소송의 협의의 소익으로서 확인의 이익이 필요한지 여부

### 1. 학설

무효확인소송도 확인의 소이므로 무효확인을 구할 법률상 이익은 민사소송에서의 확인의 소가 요구하는 확인의 이익과 그 의미가 동일하다는 점에서 다른 구제수단[123]이 있는 경우에는 무효확인소송의 소의 이익을 부정하는 즉시확정이익설과 행정소송법 제38조 제1항은 행정소송법 제30조의 취소판결의 기속력을 무효확인소송에도 준용하고 있으므로 다른 구제수단이 있는 경우에도 법률상 이익이 있다면 무효확인소송을 제기할 수 있다는 법적보호이익설이 있다.

### 2. 판례

행정소송은 민사소송과는 목적, 취지 및 기능 등을 달리하므로 행정처분의 근거 법률에 의하여 보호되는 직접적이고 구체적인 이익이 있는 경우에는 행정소송법 제35조에 규정된 무효확인을 구할 법률상 이익이 있다고 보아야 하고, 이와 별도로 무효확인소송의 보충성이 요구되는 것은 아니다.

### 3. 검토

무효확인판결에는 행정소송법 제38조 제1항에 의하여 준용되는 같은 법 제30조에 의한 기속력의 한 내용으로 원상회복의무가 인정되므로 민사소송의 확인의 소에서 요구하는 확인의 이익은 추가로 요구되지 않는다고 보는 부정설과 판례가 타당하다.

---

123) 행정처분에 대한 쟁송수단인 형성소송이나 이행소송 등을 말한다. 행정소송법은 형성소송으로서 취소소송을 규정하고 있다.

## 4. 사안의 경우

甲이 제기한 무효확인소송은 무효확인소송의 협의의 소익으로서 확인의 이익이 필요하지 않다.

## Ⅲ 영업자지위승계신고수리처분 무효확인소송보다 민사소송인 영업양도행위 무효확인소송이 보다 간이한 권리구제수단인지 여부[124]

### 1. 판례

행정소송은 민사소송과는 목적, 취지 및 기능 등을 달리[125]하므로 행정처분의 무효를 전제로 한 이행소송 등과 같은 직접적인 구제수단이 있는지 여부를 따질 필요가 없다.[126] 사업양도·양수에 따른 허가관청의 지위승계신고의 수리는 적법한 사업의 양도·양수가 있었음을 전제로 하는 것이므로 그 수리대상인 사업양도·양수가 존재하지 아니하거나 무효인 때에는 수리를 하였다 하더라도 그 수리는 유효한 대상이 없는 것으로서 당연히 무효라 할 것이고, 사업의 양도행위가 무효라고 주장하는 양도자는 민사쟁송으로 양도·양수행위의 무효를 구함이 없이 막바로 허가관청을 상대로 하여 행정소송으로 위 신고수리처분의 무효확인을 구할 법률상 이익이 있다.[127]

### 2. 사안의 경우

乙이 행한 영업자지위승계신고는 甲이 乙에게 영업관리권만을 위임한 것이고 乙은 甲의 인장과 관계서류를 위조하여 관할행정청에 영업자지위승계신고를 하였으므로 그 수리는 유효한 대상으로서 적법한 영업양도행위가 없는 것으로서 당연무효라 할 것이다. 甲은 먼저 민사쟁송으로 영업의 양도·양수행위의 무효를 구함이 없이 막바로 관할행정청을 상대로 하여 영업자지위신고수리처분의 무효확인을 구할 법률상 이익이 있으므로 영업자지위승계신고수리처분 무효확인소송을 제기할 수 있다. 영영업자지위승계신고수리처분 무효확인소송보다 영업양도행위 무효확인소송이 보다 간이한 권리구제수단은 아니다.

## Ⅳ 설문의 해결

甲은 乙에 대한 관할행정청 X의 영업자지위승계신고수리처분에 대하여 무효확인소송을 제기할 수 있다.

---

124) 이 물음을 하는 이유는 소송의 일반 남용사유인 보다 간이한 권리구제수단이 있는 경우에 해당하는 것은 아닌 가라는 의문이 있기 때문이다.

125) 행정소송은 행정청의 위법한 처분 등을 취소·변경하거나 그 효력 유무 또는 존재 여부를 확인함으로써 국민의 권리 또는 이익의 침해를 구제하고 공법상의 권리관계 또는 법 적용에 관한 다툼을 적정하게 해결함을 목적으로 하므로, 대등한 주체 사이의 사법상 생활관계에 관한 분쟁을 심판대상으로 하는 민사소송과 다르다.

126) 대판 2008.3.20, 2007두6342

127) 대판 2005.12.23, 2005두3554

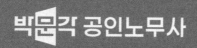

# 행정소송 중 항고소송으로서 부작위위법확인소송

# 01 | 부작위위법확인소송의 대상이 되는 부작위

## ① 문제의 소재

행정소송법 제4조 제3호에 의하면 부작위위법확인소송은 행정청의 부작위가 위법하다는 것을 확인하는 소송이며, 행정소송법 제2조 제1항 제2호에 의하면 "부작위"라 함은 행정청이 당사자의 신청에 대하여 상당한 기간 내에 일정한 처분을 하여야 할 법률상 의무가 있음에도 불구하고 이를 하지 아니하는 것을 말한다. 행정청과 상당한 기간은 특별히 문제될만한 사정이 엿보이지 않는다. 건축법 제80조 제1항에 의하여 이행강제금을 부과해야 할 법률상 의무가 있음에도 아무런 처분을 하지 않았다. 이와 관련하여 갑의 신청이 당사자의 신청에 해당하는지 문제된다.

## Ⅱ 갑의 신청이 당사자의 신청에 해당하는지 여부

### 1. 학설과 판례

당사자의 신청이 있는지를 어느 단계에서 검토하여야 하는가와 관련하여 대상적격설, 원고적격설, 본안문제설이 있다. 판례에 의하면 신청권의 존부는 구체적 사건에서 신청인이 누구인지 고려하지 않고 관계법규의 해석에 의하여 일반 국민에게 그러한 신청권이 인정되는가를 살펴 추상적으로 결정한다.

### 2. 검토 및 사안의 경우

의무이행소송을 행정소송법이 규정하지 않는다는 점에서 대상적격단계에서 검토하여야 한다는 대상적격설과 판례의 태도가 타당하다. 명문의 규정으로 신청할 수 있다거나 법규의 해석상 출원을 전제로 한 처분이라면 법규상 신청권이 인정되고, 법규상 신청권이 없더라도 처분청의 처분예고, 출원공고, 사무처리기준의 설정·공표가 있다면 조리상 신청권이 인정된다. 갑의 신청은 당사자의 신청에 해당하지 않는다.

## Ⅲ 설문의 해결

# 부작위위법확인소송의 대상이 되는 부작위의 위법성

## Ⅰ 문제의 소재

갑이 부작위위법확인소송으로 권리구제를 받으려면, 부작위위법확인소송의 제기가 적법하여야 하고, 부작위가 위법하여야 한다. 이와 관련하여 첫째, 갑의 부작위위법확인소송의 제기가 적법한지 문제된다. 둘째, 행정청 을의 부작위가 위법한지 문제된다.

## Ⅱ 갑의 부작위위법확인소송의 제기가 적법한지 여부

### 1. 문제의 소재

부작위위법확인소송의 제기가 적법하려면, 행정청의 처분의 부작위를 부작위위법확인소송의 대상으로 부작위위법확인소송의 원고적격, 부작위위법확인소송의 피고적격, 부작위위법확인소송의 협의의 소익, 부작위위법확인소송의 제소기간, 부작위위법확인소송의 관할법원 등의 부작위위법확인소송요건을 충족하여야 한다. 이와 관련하여 행정청 을의 부작위가 부작위위법확인소송의 대상이 되는 부작위인지 문제된다.

### 2. 행정청 을의 부작위가 부작위위법확인소송의 대상이 되는 부작위인지 여부

#### (1) 문제의 소재

행정소송법(이하 동법이라 함) 제38조 제2항, 동법 제19조와 동법 제2조 제1항 제2호에 의하면 부작위위법확인소송의 대상인 "부작위"라 함은 행정청이 당사자의 신청에 대하여 상당한 기간 내에 일정한 처분을 하여야 할 법률상 의무가 있음에도 불구하고 이를 하지 아니하는 것을 말한다. 행정청은 ○○법 제○○조 제○○항에 의하여 ○○해야 할 법률상 의무가 있음에도 상당한 기간 동안 아무런 처분을 하지 않았다. 이와 관련하여 갑의 신청이 당사자의 신청에 해당하는지 문제된다.

#### (2) 갑의 신청이 당사자의 신청에 해당하는지 여부

##### 1) 학설과 판례

당사자의 신청이 있는지를 어느 단계에서 검토하여야 하는가와 관련하여 대상적격설, 원고적격설, 본안문제설이 있다. 판례에 의하면 신청권의 존부는 구체적 사건에서 신청인이 누구인지 고려하지 않고 관계법규의 해석에 의하여 일반 국민에게 그러한 신청권이 인정되는가를 살펴 추상적으로 결정한다.

##### 2) 검토 및 사안의 경우

의무이행소송을 행정소송법이 규정하지 않는다는 점에서 대상적격단계에서 검토하여야 한다는 대상적격설과 판례의 태도가 타당하다. 명문의 규정으로 신청할 수 있다거나 법규의 해석상 출원을 전제로 한 처분이라면 법규상 신청권이 인정되고, 법규상 신청권이 없더라도 처분청의 처분예고, 출원공고, 사무처리기준의 설정·공표가 있다면 조리상 신청권이 인정된다. 갑의 신청은 당사자의 신청에 해당한다.

### (3) 소결

행정청 을의 ○○에 대한 부작위는 부작위위법확인소송의 대상이 되는 부작위이다.

## 3. 소결

행정청 을의 부작위가 부작위위법확인소송의 대상이 되는 부작위이므로 갑은 ○○처분을 신청한 자로서 부작위의 직접 상대방이어서 부작위위법확인소송의 원고적격은 문제되지 않는다. 의무이행심판의 청구가 엿보이지 않으므로 부작위위법확인소송의 제소기간도 문제되지 않는다. 기타 부작위위법확인소송요건은 특별히 문제될만한 사정이 엿보이지 않는다. 갑의 부작위위법확인소송의 제기는 적법하다.

## Ⅲ 행정청 을의 부작위가 위법한지 여부

## 1. 학설

부작위위법확인소송의 수소법원은 부작위의 위법 여부만을 심사하여야 하며 만약 실체적인 내용을 심리한다면 그것은 의무이행소송을 인정하는 결과가 되어 정당하지 않다는 절차적 심리설과 법원은 단순히 행정청의 방치행위의 적부에 관한 절차적 심리에만 그치지 아니하고, 신청의 실체적 내용이 이유 있는 것인지도 심리하여 그에 대한 적정한 처리방향에 관한 법률적 판단을 하여야 한다는 실체적 심리설이 있다.

## 2. 판례

부작위위법확인소송은 행정청의 부작위 내지 무응답이라고 하는 소극적인 위법상태를 제거하는 것을 목적으로 하는 소송이다.

## 3. 검토

부작위위법확인소송의 소송물이 부작위의 위법성이라는 점과 행정소송법상 부작위위법확인소송의 개념에 비추어 절차적 심리설과 판례가 타당하다.

## 4. 사안의 경우

행정청 을의 부작위는 행정청의 부작위 내지 무응답이라고 하는 소극적인 위법상태에 있으므로 위법하다.

## Ⅳ 설문의 해결

갑은 부작위위법확인소송으로 권리구제를 받을 수 있다.

PART

05

# 행정소송 중
# 당사자소송

# 01 | 형식적 당사자소송

## Ⅰ 문제의 소재

행정소송법 제3조 제2호에 의하면 당사자소송이란 행정청의 처분 등을 원인으로 하는 법률관계에 관한 소송 그밖에 공법상의 법률관계에 관한 소송으로서 그 법률관계의 한쪽 당사자를 피고로 하는 소송이다. 형식적 당사자소송이란 행정청의 처분이나 재결에 의하여 형성된 법률관계에 대하여 다툼이 있는 경우에 당해 처분 또는 재결의 효력을 다툼이 없이 직접 그 처분·재결에 의하여 형성된 법률관계에 대하여 그 일방당사자를 피고로 하여 제기하는 소송이다. 도로법 제99조 제4항에 의하면 제1항부터 제3항까지의 규정에서 정한 것 외에 공용부담으로 인한 손실보상에 관하여는 「공익사업을 위한 토지 등의 취득 및 보상에 관한 법률」(이하 토지보상법이라 함)을 준용한다. 이와 관련하여 도로부지에 대한 수용에 관하여 토지보상법 제85조 제2항을 준용한다는 명시적인 법률규정이 없음에도 형식적 당사자소송을 인정할 수 있는지 문제된다.

## Ⅱ 명시적인 법률규정이 없는 경우에도 형식적 당사자소송을 인정할 수 있는지 여부

### 1. 학설

행정소송법 제3조 제2호의 소송에는 행정소송법 제45조의 적용이 없으며, 행정행위의 공정력은 실정법에 의하여 뒷받침되는 것이므로 행정소송법 제3조 제2호에 의하여 인정할 수 있다는 긍정설과 처분을 원인으로 하는 법률관계에 관한 소송을 제기하고 법원이 이를 판단하는 것은 공정력에 반하고, 소송요건이 불분명하여 현실적으로 소송을 진행하기가 어렵다는 점에서 부정하는 부정설이 있다.

### 2. 검토 및 사안의 경우

행정소송법 제3조 제2호의 소송에는 행정소송법 제45조의 적용이 없으나 인정하더라도 현실적으로 소송을 진행하기가 어렵다는 점에서 부정설이 타당하다. 개별법상의 명시적인 규정이 있어야 한다.[128]

## Ⅲ 설문의 해결

도로법 제99조 제4항에 의하여 준용되는 것은 토지보상법상의 손실보상이므로 소송형식은 준용되지 않는다. 따라서 형식적 당사자소송의 제기는 가능하지 않고, 행정소송법에 의하여 권리구제를 받아야 한다.

---

128) 형식적 당사자소송의 명시적 규정은 전기통신법 제45조, 특허법 제191조(동조를 준용하는 디자인보호법 제75조, 실용신안법 제30조, 상표법 제86조), 그리고 토지보상법 제85조 제2항이 있다.

# 02 | 공익사업을 위한 토지 등의 취득 및 보상에 관한 법률 제85조 제2항 소송

## type 1 일반적 논의

### [ I ] 문제의 소재

공익사업을 위한 토지 등의 취득 및 보상에 관한 법률(이하 토지보상법이라 함) 제85조 제2항에 의하면 제1항에 따라 제기하려는 행정소송이 보상금의 증감(增減)에 관한 소송인 경우 그 소송을 제기하는 자가 토지소유자 또는 관계인일 때에는 사업시행자를, 사업시행자일 때에는 토지소유자 또는 관계인을 각각 피고로 한다. 이와 관련하여 첫째, 토지보상법 제85조 제2항의 소송의 성질이 문제된다. 둘째, 구체적 권리실현방법이 문제된다.

### [ II ] 토지보상법 제85조 제2항의 소송의 성질

재결에 대한 행정소송이 보상금증감소송인 경우 구 토지보상법 제72조의2 제2항에 의하면 토지수용위원회를 피고로 규정함으로써 그 소송의 성질에 대하여 논란의 여지가 있었으나 토지보상법 제85조 제2항은 피고에서 토지수용위원회를 삭제함으로써 형식적 당사자소송임을 명확히 하고 있다. 통설적 견해에 의하면 형식적 당사자소송은 개별법상의 명시적인 규정이 정하는 바에 따라 소송요건이 정해진다.

### [ III ] 구체적 권리실현방법

토지보상법 제85조 제2항에 의하여 원고가 사업시행자인 보상금감액청구소송의 피고는 토지소유자 또는 관계인이 되고, 원고가 토지소유자 또는 관계인인 보상금증액청구소송의 피고는 사업시행자가 된다. 당사자소송이므로 행정소송법 제4장 당사자소송규정이 적용된다.

## type 2 사례풀이방식

### [ I ] 문제의 소재

공익사업을 위한 토지 등의 취득 및 보상에 관한 법률(이하 토지보상법이라 함) 제85조 제1항에 의하면 사업시행자, 토지소유자 또는 관계인은 제34조에 따른 재결에 불복할 때에는 … 각각 행정소송을 제기할 수 있고, 제2항에 의하면 제1항에 따라 제기하려는 행정소송이 보상금의 증감(增減)에 관한 소송인 경우 그 소송을 제기하는 자가 토지소유자 또는 관계인일 때에는 사업시행자를, 사업시행자일 때에는 토지소유자 또는 관계인을 각각 피고로 한다. 갑은 지방토지수용위원회 을을 상대로 각하재결의 취소를 구하는 소를 제기하였다. 갑이 제기한 취소소송이 적법한지와 관련하여 갑이 제기하여야 할 소송이 토지보상법 제85조 제1항 소송인지 토지보상법 제85조 제2항 소송인지 문제된다.

**Ⅱ 갑이 제기하여야 할 소송이 토지보상법 제85조 제1항 소송인지 토지보상법 제85조 제2항 소송인지 여부**

## 1. 판례

토지보상법 제72조에 규정되어 있는 사용하는 토지의 매수청구권은 토지보상법 제74조 제1항이 정한 잔여지 수용청구권과 같이 손실보상의 일환으로 토지소유자에게 부여되는 권리로서 그 청구에 의하여 수용효과가 생기는 형성권의 성질을 지니므로, 토지소유자의 토지수용청구를 받아들이지 아니한 토지수용위원회의 재결에 대하여 토지소유자가 불복하여 제기하는 소송은 토지보상법 제85조 제2항에 규정되어 있는 '보상금의 증감에 관한 소송'에 해당하고, 그 피고는 토지수용위원회가 아니라 사업시행자로 하여야 한다.

## 2. 사안의 경우

토지소유자인 갑이 지방토지수용위원회 을에게 사용한 토지의 수용을 청구한 것은 그 청구에 의하여 수용효과가 생기는 형성권의 성질을 지닌다. 토지소유자의 토지수용청구를 받아들이지 아니한 토지수용위원회의 재결에 대하여 토지소유자가 불복하여 제기하는 소송은 토지보상법 제85조 제2항의 소송이다. 갑이 제기하여야 할 소송은 토지보상법 제85조 제2항 소송이다.

**Ⅲ 설문의 해결**

갑이 제기한 취소소송은 부적법하다. 갑은 사업시행자인 ○○구청장 병을 피고로 하여 보상금증액청구소송을 제기하여야 한다.

백발백중 행정쟁송법의 답안작성법에 의해 학습합니다.

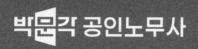
박문각 공인노무사

# 공인노무사 2차
# 행정쟁송법 기출문제

## 문제 01

A시는 택지개발예정지구 지정 공람공고가 이루어진 P사업지구에서 택지개발사업을 시행하고 있으며, 甲은 P사업지구에 주택을 소유하고 있는 자이다. A시는 택지개발사업과 관련한 이주대책을 수립·공고하였는데, 이에 의하면 이주대책 대상자 요건을 '택지개발예정지구 지정 공람공고일 1년 이전부터 보상계약체결일 또는 수용재결일까지 계속하여 P사업지구 내 주택을 소유하고 계속 거주한 자로, A시로부터 그 주택에 대한 보상을 받고 이주하는 자'로 정하고 있다. 甲은 A시에 이주대책 대상자 선정 신청을 하였으나, A시는 '기준일 이후 주택 취득'을 이유로 甲을 이주대책 대상에서 제외하는 결정을 하였고, 이 결정은 2023.6.28. 甲에게 통보되었다(이하 '1차 결정'이라 함). 이에 甲은 A시에 이의신청을 하면서, 이의신청서에 이주대책 대상자 선정요건을 충족함을 증명할 수 있는 마을주민확인서, 수도개설 사용, 전력 개통사용자 확인 등 증빙서류를 새롭게 추가로 첨부하여 제출하였다. 그러나 A시는 추가된 증빙자료만으로 법적 소유관계를 확인할 수 없다는 이유로 甲의 이의신청을 기각하고 甲을 이주대책 대상에서 제외한다는 결정을 하였으며, 이 결정은 2023.8.31. 甲에게 통보되었다(이하 '2차 결정'이라 함). 다음 각 물음에 답하시오. (각 물음은 상호관련성이 없는 별개의 상황임) 50점

**물음 1)** 甲이 자신을 이주대책 대상에서 제외한 A시의 결정에 대해 취소소송으로 다투려는 경우, 소의 대상 및 제소기간의 기산점에 대해 설명하시오. 25점

**물음 2)** 甲이 1차 결정에 대해 무효확인소송을 제기하였고, 甲이 기준일 이전에 주택을 취득한 것이 인정되어 청구를 인용하는 법원의 판결이 확정되었다. A시는 甲을 이주대책 대상자로 선정하여야 하는지 여부 및 A시가 아무런 조치를 하지 않는 경우 「행정소송법」상 강제수단에 대하여 설명하시오. 25점

### ✅ 문제 02

A시에서 여객자동차운송사업을 하고 있는 甲은 운송사업 중 일부 노선을 같은 지역 여객자동차운송 사업자인 乙에게 양도하였고, A시의 시장 X는 위 양도·양수를 인가하였다. 이 노선에는 甲 이외에 도 여객자동차운송사업자 丙이 일부 중복된 구간을 운영하고 있으며, 위 인가처분으로 해당구간의 사업자는 甲, 乙, 丙으로 증가한다. 이에 丙은 기존의 경쟁 사업자 외에 乙이 동일한 운행경로를 포함 한 운행계통을 가지게 되어 그 중복운행구간의 연고 있는 사업자 수가 증가하고, 그 결과 향후 운행횟 수 증회, 운행계통 신설 및 변경 등에 있어 장래 기대이익이 줄어들 것을 우려한다. 그런데 위 인가처 분으로 인해 甲이 운행하던 일부 노선에 관한 운행계통, 차량 및 부대시설 등이 일체로 乙에게 양도 된 것이어서, 이로 인하여 종전 노선 및 운행계통이나 그에 따른 차량수 및 운행횟수 등에 변동이 있는 것은 아니다. 丙이 위 인가처분의 취소를 구하는 소송을 제기할 경우, 원고적격이 인정되는가?

25점

### ✅ 문제 03

甲은 자기 소유 토지에 전원주택을 신축하고자 건축업자인 乙과 전원주택신축공사에 관하여 도급계 약을 체결하였고, 乙은 근로복지공단에 고용보험·산재보험관계성립신고를 하면서 신고서에 위 신축 공사 사업장의 사업주를 甲으로 기재하여 제출하였다. 甲은 위 사업장에 관한 고용보험료와 산재보험 료 중 일부만 납부하였고, 국민건강보험공단은 甲에게 체납된 고용보험료 및 산재보험료를 납부할 것을 독촉하였다. 관련 법령상 보험료의 신고 또는 납부 등 산재보험 및 고용보험에 관한 사업의 주요 업무는 고용노동부장관으로부터 위탁받은 근로복지공단이 수행하고, 다만 보험료 체납관리 등 징수 업무는 국민건강보험공단이 위탁받아 수행하고 있다. 甲은 건축주가 직접 공사를 하지 않고 공사 전 부를 수급인에게 도급을 준 경우에는 근로자를 사용하여 공사를 수행하는 수급인이 원칙적으로 그 공사에 관한 사업주로서 고용보험 및 산재보험의 가입자가 되어 고용보험료 및 산재보험료를 납부할 의무를 부담한다는 것을 알게 되었다. 이에 甲은 국민건강보험공단이 납부를 독촉하는 보험료채무에 대해 그 부존재확인을 구하는 소송과 이미 근로복지공단에 납부한 보험료에 대해 부당이득으로서 반 환을 구하는 소송을 제기하고자 한다. 甲은 누구를 상대로 어떤 유형의 소송을 제기하여야 하는지 설명하시오. 25점

 **문제 01**

채석업자 丙은 P산지(山地)에서 토석채취를 하기 위하여 관할행정청 군수 乙에게 토석채취허가신청을 하였다. 乙은 丙의 신청서류를 검토한 후 적정하다고 판단하여 토석채취허가(이하 '이 사건 처분'이라 한다)를 하였다. 한편, P산지 내에는 과수원을 운영하여 거기에서 재배된 과일로 만든 잼 등을 제조·판매하는 영농법인 甲이 있는데, 그곳에서 제조하는 잼 등은 청정지역에서 재배하여 품질 좋은 제품이라는 명성을 얻어 인기리에 판매되고 있다. 그런데, 甲은 과수원 인근에서 토석채취가 이루어지면 비산먼지 등으로 인하여 과수원에 악영향을 미친다고 판단하여, 이 사건 처분의 취소를 구하는 소를 제기하였다. 다음 물음에 답하시오. 50점

**물음 1)** 위 취소소송에서 甲의 원고적격은 인정될 수 있는가? 20점

**물음 2)** 위 사안에서 丙이 토석채취허가신청을 하였으나, 乙이 이 사건 처분을 하기 전이라면, 甲은 乙이 이 사건 처분을 하여서는 안 된다는 소의 제기가 허용되는가? 30점

✓ **문제 02**

甲은 교육사업을 영위하는 회사 乙과 기간의 정함이 없는 근로계약을 체결하고 근무하던 중 乙로부터 해고를 통보받았다. 이에 대해 甲은 서울지방노동위원회에 부당해고 구제를 신청하였고, 이후 원직에 복직하는 대신 금전보상명령을 구하는 것으로 신청취지를 변경하였다. 그러나 서울지방노동위원회에의 구제신청과 이어진 중앙노동위원회에의 재심신청이 각각 기각됨에 따라, 甲은 2022.7.22. 서울행정법원에 재심판정의 취소를 구하는 소를 제기하였다. 한편, 乙은 2022.7.19. 정당한 절차에 의해 취업규칙을 개정하였고, 이 규칙은 이 사건 소가 계속 중이던 2022.8.1.부터 시행되었다. 종전 취업규칙에는 정년에 관한 규정이 없었으나 '개정 취업규칙'에는 근로자가 만 60세에 도달하는 날을 정년으로 정하고 있으며, 甲은 이미 2022.4.15. 만 60세에 도달하였다. 甲이 중앙노동위원회의 재심판정을 다툴 협의의 소의 이익이 인정되는지를 설명하시오. 25점

**문제 03**

甲은 산업입지 및 개발에 관한 법령 등에 따라 관할행정청 도지사 乙에 의해 지정된 산업단지 내에서 산업단지개발계획상 녹지용지로 되어 있던 토지의 소유자이다. 甲은 해당 토지에서 폐기물처리사업을 하기 위하여 乙에게 사업부지에 관한 개발계획을 당초 녹지용지에서 폐기물처리시설용지로 변경해 달라는 내용의 신청을 하였다. 당시 위 법령에 따르면 폐기물처리시설용지로의 변경이 불가능하게 되어 있었다. 이에 따라 乙은 위 변경신청을 거부하는 처분을 하였고, 甲은 이에 대하여 취소소송을 제기하였다. 그런데 거부처분 이후 폐기물처리시설용지로의 변경이 가능하도록 법령의 개정이 있었다고 할 때, 법원이 어느 시점을 기준으로 위법성을 판단하여야 하는지에 관하여 설명하시오. 25점

# 03 | 2021년도 공인노무사 2차 행정쟁송법 기출문제

## ☑ 문제 01

중기계를 생산하는 제조회사에 근무하는 甲은 골절 등의 업무상 사고로 인하여 상해를 입었음을 이유로 근로복지공단으로부터 휴업급여와 장해급여 등의 지급결정을 받았다. 그 후 근로복지공단은 甲이 실제 상해를 입지 않았음에도 허위로 지급신청서를 작성하여 급여지급결정을 받은 사실을 들어 甲에 대한 급여지급결정을 취소하였고, 甲은 급여지급결정의 취소처분서를 2021.1.7. 직접 수령하였다. 이와 함께 근로복지공단은 이미 甲에게 지급된 급여액에 해당하는 금액을 부당이득으로 징수하였다. 한편, 甲은 위 급여지급결정 취소처분의 위법함을 이유로 2021.5.7. 급여지급결정 취소처분에 대한 무효확인소송을 제기하였다. 다음 물음에 답하시오. (단, 각 물음은 상호관련성이 없는 별개의 문제임) 50점

**물음 1)** 위 무효확인소송에서 급여지급결정 취소처분이 무효라는 점에 대한 입증책임은 누가 부담하는가? 10점

**물음 2)** 위 무효확인소송의 계속 중 甲은 추가적으로 급여지급결정 취소처분의 취소를 구하는 소를 병합하여 제기할 수 있는가? 20점

**물음 3)** 위 무효확인소송에서 기각판결이 확정된 후 甲이 급여지급결정 취소처분의 '법령 위반'을 이유로 국가배상청구소송을 제기한 경우, 무효확인소송의 기각판결의 효력과 관련하여 국가배상청구소송의 수소법원은 급여지급결정 취소처분의 '법령 위반'을 인정할 수 있는가? 20점

---

**국가배상법 제2조(배상책임)**

① 국가나 지방자치단체는 공무원 또는 공무를 위탁받은 사인(이하 "공무원"이라 한다)이 직무를 집행하면서 고의 또는 과실로 법령을 위반하여 타인에게 손해를 입히거나, 「자동차손해배상 보장법」에 따라 손해배상의 책임이 있을 때에는 이 법에 따라 그 손해를 배상하여야 한다. 다만, 군인·군무원·경찰공무원 또는 예비군대원이 전투·훈련 등 직무 집행과 관련하여 전사(戰死)·순직(殉職)하거나 공상(公傷)을 입은 경우에 본인이나 그 유족이 다른 법령에 따라 재해보상금·유족연금·상이연금 등의 보상을 지급받을 수 있을 때에는 이 법 및 「민법」에 따른 손해배상을 청구할 수 없다.

**문제 02**

X시장의 환지예정지지정처분(이하 '이 사건 처분'이라 함)으로 불이익을 입은 甲은 이 사건 처분이 위법하다는 이유로 취소심판을 청구하였고, 행정심판위원회는 처분의 위법을 인정하였다. 다만 행정심판위원회는 이 사건 처분이 취소될 경우 다수의 이해관계인에 대한 환지예정지지정처분까지도 변경됨으로써 기존의 사실관계가 뒤집어지고 새로운 사실관계가 형성되는 혼란이 발생할 수 있다는 이유로 이 사건 처분을 취소하는 것이 공공복리에 크게 위배된다고 인정하여 위 심판청구를 기각하는 재결을 하였다. 甲이 이에 불복하여 취소소송을 제기할 경우 그 대상에 대하여 설명하시오. 25점

**문제 03**

국가공무원 甲은 업무시간 중 민원인으로부터 골프접대 등의 뇌물을 수수하였다는 이유로 징계권자로부터 해임의 징계처분을 받고, 그 징계처분에 대하여 소청심사를 거쳐 취소소송을 제기하였다. 피고 행정청은 취소소송의 계속 중 甲이 뇌물수수뿐만 아니라 업무시간 중 골프접대를 받는 등 직무를 태만히 한 것도 징계사유의 하나라고 소송절차에서 주장하였다. 이러한 피고의 주장이 허용되는지 설명하시오. 25점

---

**국가공무원법 제78조(징계사유)**

① 공무원이 다음 각 호의 어느 하나에 해당하면 징계 의결을 요구하여야 하고 그 징계 의결의 결과에 따라 징계처분을 하여야 한다.

1. 이 법 및 이 법에 따른 명령을 위반한 경우
2. 직무상의 의무(다른 법령에서 공무원의 신분으로 인하여 부과된 의무를 포함한다)를 위반하거나 직무를 태만히 한 때
3. 직무의 내외를 불문하고 그 체면 또는 위신을 손상하는 행위를 한 때

---

PART
06

# 04 | 2020년도 공인노무사 2차 행정쟁송법 기출문제

## ☑ 문제 01

甲은 2018.11.1.부터 A시 소재의 3층 건물의 1층에서 일반음식점을 운영해 왔는데, 관할행정청인 A시의 시장 乙은 2019.12.26. 甲이 접대부를 고용하여 영업을 했다는 이유로 甲에 대하여 3월의 영업정지처분을 하였다. 이에 대하여 甲은 문제가 된 여성은 접대부가 아니라 일반 종업원이라는 점을 주장하면서 3월의 영업정지처분의 취소를 구하는 행정심판을 청구했다. 관할 행정심판위원회는 2020.3.6. 甲에 대한 3월의 영업정지처분을 1월의 영업정지처분으로 변경하라는 일부인용재결을 하였고, 2020.3.10. 그 재결서 정본이 甲에게 도달하였다. 乙은 행정심판위원회의 재결내용에 따라 2020.3.17. 甲에 대하여 1월의 영업정지처분을 하였고, 향후 같은 위반사유로 제재처분을 받을 경우 식품위생법 시행규칙 별표의 행정처분기준에 따라 가중적 제재처분이 내려진다는 점까지 乙은 甲에게 안내했다. 행정심판을 통해서 구제를 받지 못했다고 생각한 甲은 2020.6.15. 취소소송을 제기하고자 한다. 다음 물음에 답하시오. 50점

**물음 1)** 甲이 제기하는 취소소송의 대상적격, 피고적격, 제소기간에 대하여 논하시오. 30점

**물음 2)** 甲은 乙의 영업정지처분 1월이 경과한 후에도 그 처분의 취소를 구할 소의 이익이 있는지 논하시오. 20점

## ☑ 문제 02

甲은 태양광발전시설을 설치하기 위해 관할 군수 乙에게 개발행위허가를 신청하였으나 乙은 산림훼손 우려가 있다는 이유로 거부처분을 하였다. 甲은 「민원처리에 관한 법률」 제35조에 따라 乙에게 이의신청을 하였다. 乙은 甲의 이의신청을 검토한 후 종전과 동일한 이유로 이의신청을 기각하는 결정을 하였다. 乙의 기각결정을 행정심판의 기각재결로 볼 수 있는지 설명하시오. 25점

**「민원처리에 관한 법률」 제35조**

③ 민원인은 제1항에 따른 이의신청 여부와 관계없이 「행정심판법」에 따른 행정심판 또는 「행정소송법」에 따른 행정소송을 제기할 수 있다.

## ✅ 문제 03

A시 시장인 乙은 甲이 A시에서 진행하고 있는 공사가 관련 법령을 위반하였다는 이유로 해당 공사를 중지하는 명령을 하였다. 甲은 그 명령 이후에 그 원인사유가 소멸하였음을 들어 乙에 대하여 공사중지명령의 철회를 신청하였다. 그러나 乙은 그 원인사유가 소멸되지 않았다고 판단하여 甲의 신청에 대하여 아무런 응답을 하지 않고 있다. 乙의 행위가 위법한 부작위에 해당하는지에 대하여 설명하시오.

25점

PART
06

# 05 | 2019년도 공인노무사 2차 행정쟁송법 기출문제

## ☑ 문제 01

사용자인 乙주식회사는 소속 근로자인 甲에 대해 유인물 배포 등 행위와 성명서 발표 및 기사 게재로 인한 乙주식회사에 대한 명예훼손행위를 근거로 감봉 3월의 징계처분을 하였다. 甲과 A노동조합은 2018.9.7. B지방노동위원회에 위 징계처분이 부당징계 및 부당노동행위에 해당한다고 주장하면서 구제신청을 하였다. 그러나 B지방노동위원회는 2018.11.6. 위 구제신청을 모두 기각하였다. 甲과 A노동조합은 B지방노동위원회의 기각결정에 불복하여 2018.12.20. 중앙노동위원회에 재심을 신청하였다. 중앙노동위원회는 2019.3.5. 유인물 배포 등 행위가 징계사유에 해당할 뿐만 아니라 징계 양정이 적정하고, 노동조합 및 노동관계조정법 제81조 제1호의 부당노동행위에 해당하지 않는다는 이유로 재심신청을 모두 기각하였다. 이에 甲은 중앙노동위원회의 재심에 불복하여 취소소송을 제기하려고 한다. 甲은 중앙노동위원회가 재심판정을 하면서 관계 법령상 개의 및 의결 정족수를 충족하지 않았다고 주장한다. 다음 물음에 답하시오. (단, 행정쟁송법과 무관한 노동법적인 쟁점에 대해서는 서술하지 말 것) 50점

**물음 1)** 중앙노동위원회의 재심판정에 절차상 하자가 있음을 이유로 이를 취소하는 판결이 확정되었다. 중앙노동위원회가 이러한 확정판결에 기속되는 경우에 어떠한 의무를 부담하는지를 논하시오. 25점

**물음 2)** 중앙노동위원회는 이 소송의 계속 중에 甲과 A노동조합의 유인물 배포행위가 정당하지 않은 노동조합행위에 해당하여 징계사유에 해당한다고 추가적으로 주장한다. 이러한 중앙노동위원회의 주장이 타당한지를 논하시오. 25점

## ✅ 문제 02

A국립대학교 법학전문대학원에 지원한 甲은 A국립대학교총장(이하 'A대학총장'이라 함)에게 자신의 최종입학점수를 공개해 줄 것을 청구하였으나, A대학총장은 영업비밀임을 이유로 공개거부결정을 하였다. 甲이 위 결정에 대하여 행정심판을 청구하였고 B행정심판위원회는 이를 취소하는 재결을 내렸다. 그럼에도 불구하고 A대학총장은 위 행정심판위원회의 재결을 따르지 아니하고 甲의 최종입학점수를 공개하지 아니하고 있다. 이에 甲이 행정심판법상 취할 수 있는 실효성 확보 수단을 설명하시오.
25점

## ✅ 문제 03

甲은 부동산의 취득으로 인한 취득세 및 농어촌특별세의 납세의무부존재확인소송을 제기하려고 한다. 이러한 납세의무부존재확인소송의 법적 성질에 관하여 설명하시오. 25점

# 06 | 2018년도 공인노무사 2차 행정쟁송법 기출문제

### ☑ 문제 01

甲은 A국 국적으로 대한민국에서 취업하고자 관련법령에 따라 2009년 4월경 취업비자를 받아 대한민국에 입국하였고, 2010년 4월 체류기간이 만료되었다. 乙은 같은 A국 출신으로, 대한민국 국적남성과 혼인하고 2015년 12월 귀화하였으나, 2016년 10월 협의이혼 하였다. 이후 甲은 2017년 7월乙과 혼인신고를 하고, 2017년 8월 관할행정청인 X에게 대한민국 국민의 배우자(F-6-1)자격으로체류자격 변경허가 신청을 하였다. 그러나 甲은 당시 7년여의 '불법체류'를 하고 있음이 적발되었고,이는 관련법령 및 사무처리지침(이하 '지침 등'이라 함)상 허가요건 중 하나인 '국내합법체류자' 요건을결여하게 되어 X는 2017년 8월 甲의 신청을 반려하는 처분을 하였다. 한편 甲과 乙은 최근 자녀를출산하였다. 甲은 위 허가를 받지 못하면 당장 A국으로 출국하여야 하고, 자녀 양육에 어려움을 겪는등 가정이 파탄될 위험이 생기므로 위 반려처분은 위법하다고 주장한다. 50점

**물음 1)** 만일, 甲이 X의 반려처분에 불복하여 행정심판을 제기함과 동시에 임시처분을 신청하는 경우, 임시처분의 인용가능성에 관하여 논하시오. 20점

**물음 2)** 위 반려처분에 대하여 甲이 취소소송을 제기하여 승소판결이 확정되었다. 그러나 X는 위 '지침 등'에 따른 체류자격 변경허가를 위한 또 다른 요건 중의 하나인 '배우자가 국적을 취득한후 3년 이상일 것'을 충족하지 못한다는 것을 이유로 다시 체류자격 변경허가를 거부하고자한다. 이 거부처분이 적법한지에 관하여 논하시오. 30점

## 문제 02

건축사업자 甲은 X시장으로부터 건축허가를 받아 건물의 신축공사를 진행하던 중 건축법령상의 의무위반을 이유로 X시장으로부터 공사중지명령을 받았다. 甲은 해당 법령의무위반을 하지 않았다고 판단하고, 공사중지명령처분은 위법하다고 주장하며 공사중지명령처분의 무효확인소송을 제기하였다. 법원은 사건의 심리결과 해당 처분에 '중대한 위법'이 있음이 인정되지만 '명백한' 위법은 아닌 것으로 판단하였다. 법원은 어떠한 판결을 내려야 하는지 설명하시오.  25점

## 문제 03

사업자 甲은 위법을 이유로 행정청으로부터 2개월 영업정지처분을 받았다. 이에 대한 甲의 처분취소소송과 그 처분으로 인한 영업 손해에 대한 국가배상청구소송이 병합될 수 있는지 설명하시오.  25점

PART
06

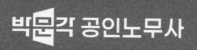
박문각 공인노무사

# 부록

# [행정소송법]

[시행 2017.7.26.] [법률 제14839호, 2017.7.26., 타법개정]

## 제1장 총칙

### 제1조(목적)

이 법은 행정소송절차를 통하여 행정청의 위법한 처분 그 밖에 공권력의 행사·불행사 등으로 인한 국민의 권리 또는 이익의 침해를 구제하고, 공법상의 권리관계 또는 법적용에 관한 다툼을 적정하게 해결함을 목적으로 한다.

### 제2조(정의)

① 이 법에서 사용하는 용어의 정의는 다음과 같다.
  1. "처분 등"이라 함은 행정청이 행하는 구체적 사실에 관한 법집행으로서의 공권력의 행사 또는 그 거부와 그 밖에 이에 준하는 행정작용(이하 "처분"이라 한다) 및 행정심판에 대한 재결을 말한다.
  2. "부작위"라 함은 행정청이 당사자의 신청에 대하여 상당한 기간 내에 일정한 처분을 하여야 할 법률상 의무가 있음에도 불구하고 이를 하지 아니하는 것을 말한다.
② 이 법을 적용함에 있어서 행정청에는 법령에 의하여 행정권한의 위임 또는 위탁을 받은 행정기관, 공공단체 및 그 기관 또는 사인이 포함된다.

### 제3조(행정소송의 종류)

행정소송은 다음의 네 가지로 구분한다.
1. 항고소송 : 행정청의 처분 등이나 부작위에 대하여 제기하는 소송
2. 당사자소송 : 행정청의 처분 등을 원인으로 하는 법률관계에 관한 소송 그 밖에 공법상의 법률관계에 관한 소송으로서 그 법률관계의 한쪽 당사자를 피고로 하는 소송
3. 민중소송 : 국가 또는 공공단체의 기관이 법률에 위반되는 행위를 한 때에 직접 자기의 법률상 이익과 관계없이 그 시정을 구하기 위하여 제기하는 소송
4. 기관소송 : 국가 또는 공공단체의 기관상호 간에 있어서의 권한의 존부 또는 그 행사에 관한 다툼이 있을 때에 이에 대하여 제기하는 소송. 다만, 헌법재판소법 제2조의 규정에 의하여 헌법재판소의 관장사항으로 되는 소송은 제외한다.

### 제4조(항고소송)

항고소송은 다음과 같이 구분한다.
1. 취소소송 : 행정청의 위법한 처분 등을 취소 또는 변경하는 소송
2. 무효등 확인소송 : 행정청의 처분 등의 효력 유무 또는 존재 여부를 확인하는 소송
3. 부작위위법확인소송 : 행정청의 부작위가 위법하다는 것을 확인하는 소송

### 제5조(국외에서의 기간)

이 법에 의한 기간의 계산에 있어서 국외에서의 소송행위추완에 있어서는 그 기간을 14일에서 30일로, 제3자에 의한 재심청구에 있어서는 그 기간을 30일에서 60일로, 소의 제기에 있어서는 그 기간을 60일에서 90일로 한다.

## 제6조(명령·규칙의 위헌판결 등 공고)

① 행정소송에 대한 대법원판결에 의하여 명령·규칙이 헌법 또는 법률에 위반된다는 것이 확정된 경우에는 대법원은 지체 없이 그 사유를 행정안전부장관에게 통보하여야 한다.

② 제1항의 규정에 의한 통보를 받은 행정안전부장관은 지체 없이 이를 관보에 게재하여야 한다.

## 제7조(사건의 이송)

민사소송법 제34조 제1항의 규정은 원고의 고의 또는 중대한 과실 없이 행정소송이 심급을 달리하는 법원에 잘못 제기된 경우에도 적용한다.

## 제8조(법적용례)

① 행정소송에 대하여는 다른 법률에 특별한 규정이 있는 경우를 제외하고는 이 법이 정하는 바에 의한다.

② 행정소송에 관하여 이 법에 특별한 규정이 없는 사항에 대하여는 법원조직법과 민사소송법 및 민사집행법의 규정을 준용한다.

## 제2장 취소소송

### 제1절 재판관할

### 제9조(재판관할)

① 취소소송의 제1심관할법원은 피고의 소재지를 관할하는 행정법원으로 한다.

② 제1항에도 불구하고 다음 각 호의 어느 하나에 해당하는 피고에 대하여 취소소송을 제기하는 경우에는 대법원소재지를 관할하는 행정법원에 제기할 수 있다.

   1. 중앙행정기관, 중앙행정기관의 부속기관과 합의제행정기관 또는 그 장

   2. 국가의 사무를 위임 또는 위탁받은 공공단체 또는 그 장

③ 토지의 수용 기타 부동산 또는 특정의 장소에 관계되는 처분 등에 대한 취소소송은 그 부동산 또는 장소의 소재지를 관할하는 행정법원에 이를 제기할 수 있다.

### 제10조(관련청구소송의 이송 및 병합)

① 취소소송과 다음 각 호의 1에 해당하는 소송(이하 "관련청구소송"이라 한다)이 각각 다른 법원에 계속되고 있는 경우에 관련청구소송이 계속된 법원이 상당하다고 인정하는 때에는 당사자의 신청 또는 직권에 의하여 이를 취소소송이 계속된 법원으로 이송할 수 있다.

   1. 당해 처분 등과 관련되는 손해배상·부당이득반환·원상회복 등 청구소송

   2. 당해 처분 등과 관련되는 취소소송

② 취소소송에는 사실심의 변론종결시까지 관련청구소송을 병합하거나 피고 외의 자를 상대로 한 관련청구소송을 취소소송이 계속된 법원에 병합하여 제기할 수 있다.

### 제11조(선결문제)

① 처분 등의 효력 유무 또는 존재 여부가 민사소송의 선결문제로 되어 당해 민사소송의 수소법원이 이를 심리·판단하는 경우에는 제17조, 제25조, 제26조 및 제33조의 규정을 준용한다.

② 제1항의 경우 당해 수소법원은 그 처분 등을 행한 행정청에게 그 선결문제로 된 사실을 통지하여야 한다.

## 제2절 당사자

### 제12조(원고적격)

취소소송은 처분 등의 취소를 구할 법률상 이익이 있는 자가 제기할 수 있다. 처분 등의 효과가 기간의 경과, 처분 등의 집행 그 밖의 사유로 인하여 소멸된 뒤에도 그 처분 등의 취소로 인하여 회복되는 법률상 이익이 있는 자의 경우에는 또한 같다.

### 제13조(피고적격)

① 취소소송은 다른 법률에 특별한 규정이 없는 한 그 처분 등을 행한 행정청을 피고로 한다. 다만, 처분 등이 있은 뒤에 그 처분 등에 관계되는 권한이 다른 행정청에 승계된 때에는 이를 승계한 행정청을 피고로 한다.
② 제1항의 규정에 의한 행정청이 없게 된 때에는 그 처분 등에 관한 사무가 귀속되는 국가 또는 공공단체를 피고로 한다.

### 제14조(피고경정)

① 원고가 피고를 잘못 지정한 때에는 법원은 원고의 신청에 의하여 결정으로써 피고의 경정을 허가할 수 있다.
② 법원은 제1항의 규정에 의한 결정의 정본을 새로운 피고에게 송달하여야 한다.
③ 제1항의 규정에 의한 신청을 각하하는 결정에 대하여는 즉시항고할 수 있다.
④ 제1항의 규정에 의한 결정이 있은 때에는 새로운 피고에 대한 소송은 처음에 소를 제기한 때에 제기된 것으로 본다.
⑤ 제1항의 규정에 의한 결정이 있은 때에는 종전의 피고에 대한 소송은 취하된 것으로 본다.
⑥ 취소소송이 제기된 후에 제13조 제1항 단서 또는 제13조 제2항에 해당하는 사유가 생긴 때에는 법원은 당사자의 신청 또는 직권에 의하여 피고를 경정한다. 이 경우에는 제4항 및 제5항의 규정을 준용한다.

### 제15조(공동소송)

수인의 청구 또는 수인에 대한 청구가 처분 등의 취소청구와 관련되는 청구인 경우에 한하여 그 수인은 공동소송인이 될 수 있다.

### 제16조(제3자의 소송참가)

① 법원은 소송의 결과에 따라 권리 또는 이익의 침해를 받을 제3자가 있는 경우에는 당사자 또는 제3자의 신청 또는 직권에 의하여 결정으로써 그 제3자를 소송에 참가시킬 수 있다.
② 법원이 제1항의 규정에 의한 결정을 하고자 할 때에는 미리 당사자 및 제3자의 의견을 들어야 한다.
③ 제1항의 규정에 의한 신청을 한 제3자는 그 신청을 각하한 결정에 대하여 즉시항고할 수 있다.
④ 제1항의 규정에 의하여 소송에 참가한 제3자에 대하여는 민사소송법 제67조의 규정을 준용한다.

### 제17조(행정청의 소송참가)

① 법원은 다른 행정청을 소송에 참가시킬 필요가 있다고 인정할 때에는 당사자 또는 당해 행정청의 신청 또는 직권에 의하여 결정으로써 그 행정청을 소송에 참가시킬 수 있다.

② 법원은 제1항의 규정에 의한 결정을 하고자 할 때에는 당사자 및 당해 행정청의 의견을 들어야 한다.

③ 제1항의 규정에 의하여 소송에 참가한 행정청에 대하여는 민사소송법 제76조의 규정을 준용한다.

## 제3절 소의 제기

### 제18조(행정심판과의 관계)

① 취소소송은 법령의 규정에 의하여 당해 처분에 대한 행정심판을 제기할 수 있는 경우에도 이를 거치지 아니하고 제기할 수 있다. 다만, 다른 법률에 당해 처분에 대한 행정심판의 재결을 거치지 아니하면 취소소송을 제기할 수 없다는 규정이 있는 때에는 그러하지 아니하다.

② 제1항 단서의 경우에도 다음 각 호의 1에 해당하는 사유가 있는 때에는 행정심판의 재결을 거치지 아니하고 취소소송을 제기할 수 있다.

   1. 행정심판청구가 있은 날로부터 60일이 지나도 재결이 없는 때

   2. 처분의 집행 또는 절차의 속행으로 생길 중대한 손해를 예방하여야 할 긴급한 필요가 있는 때

   3. 법령의 규정에 의한 행정심판기관이 의결 또는 재결을 하지 못할 사유가 있는 때

   4. 그 밖의 정당한 사유가 있는 때

③ 제1항 단서의 경우에 다음 각 호의 1에 해당하는 사유가 있는 때에는 행정심판을 제기함이 없이 취소소송을 제기할 수 있다.

   1. 동종사건에 관하여 이미 행정심판의 기각재결이 있은 때

   2. 서로 내용상 관련되는 처분 또는 같은 목적을 위하여 단계적으로 진행되는 처분 중 어느 하나가 이미 행정심판의 재결을 거친 때

   3. 행정청이 사실심의 변론종결 후 소송의 대상인 처분을 변경하여 당해 변경된 처분에 관하여 소를 제기하는 때

   4. 처분을 행한 행정청이 행정심판을 거칠 필요가 없다고 잘못 알린 때

④ 제2항 및 제3항의 규정에 의한 사유는 이를 소명하여야 한다.

### 제19조(취소소송의 대상)

취소소송은 처분 등을 대상으로 한다. 다만, 재결취소소송의 경우에는 재결 자체에 고유한 위법이 있음을 이유로 하는 경우에 한한다.

### 제20조(제소기간)

① 취소소송은 처분 등이 있음을 안 날부터 90일 이내에 제기하여야 한다. 다만, 제18조 제1항 단서에 규정한 경우와 그 밖에 행정심판청구를 할 수 있는 경우 또는 행정청이 행정심판청구를 할 수 있다고 잘못 알린 경우에 행정심판청구가 있은 때의 기간은 재결서의 정본을 송달받은 날부터 기산한다.

② 취소소송은 처분 등이 있은 날부터 1년(제1항 단서의 경우는 재결이 있은 날부터 1년)을 경과하면 이를 제기하지 못한다. 다만, 정당한 사유가 있는 때에는 그러하지 아니하다.

③ 제1항의 규정에 의한 기간은 불변기간으로 한다.

### 제21조(소의 변경)

① 법원은 취소소송을 당해 처분 등에 관계되는 사무가 귀속하는 국가 또는 공공단체에 대한 당사자소송

부록

또는 취소소송 외의 항고소송으로 변경하는 것이 상당하다고 인정할 때에는 청구의 기초에 변경이 없는 한 사실심의 변론종결시까지 원고의 신청에 의하여 결정으로써 소의 변경을 허가할 수 있다.

② 제1항의 규정에 의한 허가를 하는 경우 피고를 달리하게 될 때에는 법원은 새로이 피고로 될 자의 의견을 들어야 한다.

③ 제1항의 규정에 의한 허가결정에 대하여는 즉시항고할 수 있다.

④ 제1항의 규정에 의한 허가결정에 대하여는 제14조 제2항·제4항 및 제5항의 규정을 준용한다.

### 제22조(처분변경으로 인한 소의 변경)

① 법원은 행정청이 소송의 대상인 처분을 소가 제기된 후 변경한 때에는 원고의 신청에 의하여 결정으로써 청구의 취지 또는 원인의 변경을 허가할 수 있다.

② 제1항의 규정에 의한 신청은 처분의 변경이 있음을 안 날로부터 60일 이내에 하여야 한다.

③ 제1항의 규정에 의하여 변경되는 청구는 제18조 제1항 단서의 규정에 의한 요건을 갖춘 것으로 본다.

### 제23조(집행정지)

① 취소소송의 제기는 처분 등의 효력이나 그 집행 또는 절차의 속행에 영향을 주지 아니한다.

② 취소소송이 제기된 경우에 처분 등이나 그 집행 또는 절차의 속행으로 인하여 생길 회복하기 어려운 손해를 예방하기 위하여 긴급한 필요가 있다고 인정할 때에는 본안이 계속되고 있는 법원은 당사자의 신청 또는 직권에 의하여 처분 등의 효력이나 그 집행 또는 절차의 속행의 전부 또는 일부의 정지(이하 "집행정지"라 한다)를 결정할 수 있다. 다만, 처분의 효력정지는 처분 등의 집행 또는 절차의 속행을 정지함으로써 목적을 달성할 수 있는 경우에는 허용되지 아니한다.

③ 집행정지는 공공복리에 중대한 영향을 미칠 우려가 있을 때에는 허용되지 아니한다.

④ 제2항의 규정에 의한 집행정지의 결정을 신청함에 있어서는 그 이유에 대한 소명이 있어야 한다.

⑤ 제2항의 규정에 의한 집행정지의 결정 또는 기각의 결정에 대하여는 즉시항고할 수 있다. 이 경우 집행정지의 결정에 대한 즉시항고에는 결정의 집행을 정지하는 효력이 없다.

⑥ 제30조 제1항의 규정은 제2항의 규정에 의한 집행정지의 결정에 이를 준용한다.

### 제24조(집행정지의 취소)

① 집행정지의 결정이 확정된 후 집행정지가 공공복리에 중대한 영향을 미치거나 그 정지사유가 없어진 때에는 당사자의 신청 또는 직권에 의하여 결정으로써 집행정지의 결정을 취소할 수 있다.

② 제1항의 규정에 의한 집행정지결정의 취소결정과 이에 대한 불복의 경우에는 제23조 제4항 및 제5항의 규정을 준용한다.

## 제4절 심리

### 제25조(행정심판기록의 제출명령)

① 법원은 당사자의 신청이 있는 때에는 결정으로써 재결을 행한 행정청에 대하여 행정심판에 관한 기록의 제출을 명할 수 있다.

② 제1항의 규정에 의한 제출명령을 받은 행정청은 지체 없이 당해 행정심판에 관한 기록을 법원에 제출하여야 한다.

## 제26조(직권심리)

법원은 필요하다고 인정할 때에는 직권으로 증거조사를 할 수 있고, 당사자가 주장하지 아니한 사실에 대하여도 판단할 수 있다.

## 제5절 재판

### 제27조(재량처분의 취소)

행정청의 재량에 속하는 처분이라도 재량권의 한계를 넘거나 그 남용이 있는 때에는 법원은 이를 취소할 수 있다.

### 제28조(사정판결)

① 원고의 청구가 이유 있다고 인정하는 경우에도 처분 등을 취소하는 것이 현저히 공공복리에 적합하지 아니하다고 인정하는 때에는 법원은 원고의 청구를 기각할 수 있다. 이 경우 법원은 그 판결의 주문에서 그 처분 등이 위법함을 명시하여야 한다.
② 법원이 제1항의 규정에 의한 판결을 함에 있어서는 미리 원고가 그로 인하여 입게 될 손해의 정도와 배상방법 그 밖의 사정을 조사하여야 한다.
③ 원고는 피고인 행정청이 속하는 국가 또는 공공단체를 상대로 손해배상, 제해시설의 설치 그 밖에 적당한 구제방법의 청구를 당해 취소소송 등이 계속된 법원에 병합하여 제기할 수 있다.

### 제29조(취소판결 등의 효력)

① 처분 등을 취소하는 확정판결은 제3자에 대하여도 효력이 있다.
② 제1항의 규정은 제23조의 규정에 의한 집행정지의 결정 또는 제24조의 규정에 의한 그 집행정지결정의 취소결정에 준용한다.

### 제30조(취소판결 등의 기속력)

① 처분 등을 취소하는 확정판결은 그 사건에 관하여 당사자인 행정청과 그 밖의 관계행정청을 기속한다.
② 판결에 의하여 취소되는 처분이 당사자의 신청을 거부하는 것을 내용으로 하는 경우에는 그 처분을 행한 행정청은 판결의 취지에 따라 다시 이전의 신청에 대한 처분을 하여야 한다.
③ 제2항의 규정은 신청에 따른 처분이 절차의 위법을 이유로 취소되는 경우에 준용한다.

## 제6절 보칙

### 제31조(제3자에 의한 재심청구)

① 처분 등을 취소하는 판결에 의하여 권리 또는 이익의 침해를 받은 제3자는 자기에게 책임없는 사유로 소송에 참가하지 못함으로써 판결의 결과에 영향을 미칠 공격 또는 방어방법을 제출하지 못한 때에는 이를 이유로 확정된 종국판결에 대하여 재심의 청구를 할 수 있다.
② 제1항의 규정에 의한 청구는 확정판결이 있음을 안 날로부터 30일 이내, 판결이 확정된 날로부터 1년 이내에 제기하여야 한다.
③ 제2항의 규정에 의한 기간은 불변기간으로 한다.

부록

### 제32조(소송비용의 부담)

취소청구가 제28조의 규정에 의하여 기각되거나 행정청이 처분 등을 취소 또는 변경함으로 인하여 청구가 각하 또는 기각된 경우에는 소송비용은 피고의 부담으로 한다.

### 제33조(소송비용에 관한 재판의 효력)

소송비용에 관한 재판이 확정된 때에는 피고 또는 참가인이었던 행정청이 소속하는 국가 또는 공공단체에 그 효력을 미친다.

### 제34조(거부처분취소판결의 간접강제)

① 행정청이 제30조 제2항의 규정에 의한 처분을 하지 아니하는 때에는 제1심수소법원은 당사자의 신청에 의하여 결정으로써 상당한 기간을 정하고 행정청이 그 기간 내에 이행하지 아니하는 때에는 그 지연기간에 따라 일정한 배상을 할 것을 명하거나 즉시 손해배상을 할 것을 명할 수 있다.
② 제33조와 민사집행법 제262조의 규정은 제1항의 경우에 준용한다.

## 제3장 취소소송 외의 항고소송

### 제35조(무효등확인소송의 원고적격)

무효등확인소송은 처분 등의 효력 유무 또는 존재 여부의 확인을 구할 법률상 이익이 있는 자가 제기할 수 있다.

### 제36조(부작위위법확인소송의 원고적격)

부작위위법확인소송은 처분의 신청을 한 자로서 부작위의 위법의 확인을 구할 법률상 이익이 있는 자만이 제기할 수 있다.

### 제37조(소의 변경)

제21조의 규정은 무효등확인소송이나 부작위위법확인소송을 취소소송 또는 당사자소송으로 변경하는 경우에 준용한다.

### 제38조(준용규정)

① 제9조, 제10조, 제13조 내지 제17조, 제19조, 제22조 내지 제26조, 제29조 내지 제31조 및 제33조의 규정은 무효등확인소송의 경우에 준용한다.
② 제9조, 제10조, 제13조 내지 제19조, 제20조, 제25조 내지 제27조, 제29조 내지 제31조, 제33조 및 제34조의 규정은 부작위위법확인소송의 경우에 준용한다.

## 제4장 당사자소송

### 제39조(피고적격)

당사자소송은 국가·공공단체 그 밖의 권리주체를 피고로 한다.

### 제40조(재판관할)

제9조의 규정은 당사자소송의 경우에 준용한다. 다만, 국가 또는 공공단체가 피고인 경우에는 관계행정청의 소재지를 피고의 소재지로 본다.

### 제41조(제소기간)

당사자소송에 관하여 법령에 제소기간이 정하여져 있는 때에는 그 기간은 불변기간으로 한다.

### 제42조(소의 변경)

제21조의 규정은 당사자소송을 항고소송으로 변경하는 경우에 준용한다.

### 제43조(가집행선고의 제한)

국가를 상대로 하는 당사자소송의 경우에는 가집행선고를 할 수 없다.

### 제44조(준용규정)

① 제14조 내지 제17조, 제22조, 제25조, 제26조, 제30조 제1항, 제32조 및 제33조의 규정은 당사자소송의 경우에 준용한다.
② 제10조의 규정은 당사자소송과 관련청구소송이 각각 다른 법원에 계속되고 있는 경우의 이송과 이들 소송의 병합의 경우에 준용한다.

## 제5장 민중소송 및 기관소송

### 제45조(소의 제기)

민중소송 및 기관소송은 법률이 정한 경우에 법률에 정한 자에 한하여 제기할 수 있다.

### 제46조(준용규정)

① 민중소송 또는 기관소송으로서 처분 등의 취소를 구하는 소송에는 그 성질에 반하지 아니하는 한 취소소송에 관한 규정을 준용한다.
② 민중소송 또는 기관소송으로서 처분 등의 효력 유무 또는 존재 여부나 부작위의 위법의 확인을 구하는 소송에는 그 성질에 반하지 아니하는 한 각각 무효등확인소송 또는 부작위위법확인소송에 관한 규정을 준용한다.
③ 민중소송 또는 기관소송으로서 제1항 및 제2항에 규정된 소송 외의 소송에는 그 성질에 반하지 아니하는 한 당사자소송에 관한 규정을 준용한다.

부록

# [행정심판법]

[시행 2023.3.21.] [법률 제19269호, 2023.3.21., 일부개정]

## 제1장 총칙

### 제1조(목적)

이 법은 행정심판 절차를 통하여 행정청의 위법 또는 부당한 처분(處分)이나 부작위(不作爲)로 침해된 국민의 권리 또는 이익을 구제하고, 아울러 행정의 적정한 운영을 꾀함을 목적으로 한다.

### 제2조(정의)

이 법에서 사용하는 용어의 뜻은 다음과 같다.

1. "처분"이란 행정청이 행하는 구체적 사실에 관한 법집행으로서의 공권력의 행사 또는 그 거부, 그 밖에 이에 준하는 행정작용을 말한다.
2. "부작위"란 행정청이 당사자의 신청에 대하여 상당한 기간 내에 일정한 처분을 하여야 할 법률상 의무가 있는데도 처분을 하지 아니하는 것을 말한다.
3. "재결(裁決)"이란 행정심판의 청구에 대하여 제6조에 따른 행정심판위원회가 행하는 판단을 말한다.
4. "행정청"이란 행정에 관한 의사를 결정하여 표시하는 국가 또는 지방자치단체의 기관, 그 밖에 법령 또는 자치법규에 따라 행정권한을 가지고 있거나 위탁을 받은 공공단체나 그 기관 또는 사인(私人)을 말한다.

### 제3조(행정심판의 대상)

① 행정청의 처분 또는 부작위에 대하여는 다른 법률에 특별한 규정이 있는 경우 외에는 이 법에 따라 행정심판을 청구할 수 있다.

② 대통령의 처분 또는 부작위에 대하여는 다른 법률에서 행정심판을 청구할 수 있도록 정한 경우 외에는 행정심판을 청구할 수 없다.

### 제4조(특별행정심판 등)

① 사안(事案)의 전문성과 특수성을 살리기 위하여 특히 필요한 경우 외에는 이 법에 따른 행정심판을 갈음하는 특별한 행정불복절차(이하 "특별행정심판"이라 한다)나 이 법에 따른 행정심판 절차에 대한 특례를 다른 법률로 정할 수 없다.

② 다른 법률에서 특별행정심판이나 이 법에 따른 행정심판 절차에 대한 특례를 정한 경우에도 그 법률에서 규정하지 아니한 사항에 관하여는 이 법에서 정하는 바에 따른다.

③ 관계 행정기관의 장이 특별행정심판 또는 이 법에 따른 행정심판 절차에 대한 특례를 신설하거나 변경하는 법령을 제정·개정할 때에는 미리 중앙행정심판위원회와 협의하여야 한다.

### 제5조(행정심판의 종류)

행정심판의 종류는 다음 각 호와 같다.

1. 취소심판 : 행정청의 위법 또는 부당한 처분을 취소하거나 변경하는 행정심판
2. 무효등확인심판 : 행정청의 처분의 효력 유무 또는 존재 여부를 확인하는 행정심판
3. 의무이행심판 : 당사자의 신청에 대한 행정청의 위법 또는 부당한 거부처분이나 부작위에 대하여 일정한 처분을 하도록 하는 행정심판

## 제2장 심판기관

### 제6조(행정심판위원회의 설치)

① 다음 각 호의 행정청 또는 그 소속 행정청(행정기관의 계층구조와 관계없이 그 감독을 받거나 위탁을 받은 모든 행정청을 말하되, 위탁을 받은 행정청은 그 위탁받은 사무에 관하여는 위탁한 행정청의 소속 행정청으로 본다. 이하 같다)의 처분 또는 부작위에 대한 행정심판의 청구(이하 "심판청구"라 한다)에 대하여는 다음 각 호의 행정청에 두는 행정심판위원회에서 심리·재결한다.

  1. 감사원, 국가정보원장, 그 밖에 대통령령으로 정하는 대통령 소속기관의 장

  2. 국회사무총장·법원행정처장·헌법재판소사무처장 및 중앙선거관리위원회사무총장

  3. 국가인권위원회, 그 밖에 지위·성격의 독립성과 특수성 등이 인정되어 대통령령으로 정하는 행정청

② 다음 각 호의 행정청의 처분 또는 부작위에 대한 심판청구에 대하여는 「부패방지 및 국민권익위원회의 설치와 운영에 관한 법률」에 따른 국민권익위원회(이하 "국민권익위원회"라 한다)에 두는 중앙행정심판위원회에서 심리·재결한다.

  1. 제1항에 따른 행정청 외의 국가행정기관의 장 또는 그 소속 행정청

  2. 특별시장·광역시장·특별자치시장·도지사·특별자치도지사(특별시·광역시·특별자치시·도 또는 특별자치도의 교육감을 포함한다. 이하 "시·도지사"라 한다) 또는 특별시·광역시·특별자치시·도·특별자치도(이하 "시·도"라 한다)의 의회(의장, 위원회의 위원장, 사무처장 등 의회 소속 모든 행정청을 포함한다)

  3. 「지방자치법」에 따른 지방자치단체조합 등 관계 법률에 따라 국가·지방자치단체·공공법인 등이 공동으로 설립한 행정청. 다만, 제3항 제3호에 해당하는 행정청은 제외한다.

③ 다음 각 호의 행정청의 처분 또는 부작위에 대한 심판청구에 대하여는 시·도지사 소속으로 두는 행정심판위원회에서 심리·재결한다.

  1. 시·도 소속 행정청

  2. 시·도의 관할구역에 있는 시·군·자치구의 장, 소속 행정청 또는 시·군·자치구의 의회(의장, 위원회의 위원장, 사무국장, 사무과장 등 의회 소속 모든 행정청을 포함한다)

  3. 시·도의 관할구역에 있는 둘 이상의 지방자치단체(시·군·자치구를 말한다)·공공법인 등이 공동으로 설립한 행정청

④ 제2항 제1호에도 불구하고 대통령령으로 정하는 국가행정기관 소속 특별지방행정기관의 장의 처분 또는 부작위에 대한 심판청구에 대하여는 해당 행정청의 직근 상급행정기관에 두는 행정심판위원회에서 심리·재결한다.

### 제7조(행정심판위원회의 구성)

① 행정심판위원회(중앙행정심판위원회는 제외한다. 이하 이 조에서 같다)는 위원장 1명을 포함하여 50명 이내의 위원으로 구성한다.

② 행정심판위원회의 위원장은 그 행정심판위원회가 소속된 행정청이 되며, 위원장이 없거나 부득이한 사유로 직무를 수행할 수 없거나 위원장이 필요하다고 인정하는 경우에는 다음 각 호의 순서에 따라 위원이 위원장의 직무를 대행한다.

  1. 위원장이 사전에 지명한 위원

부록

  2. 제4항에 따라 지명된 공무원인 위원(2명 이상인 경우에는 직급 또는 고위공무원단에 속하는 공무원의 직무등급이 높은 위원 순서로, 직급 또는 직무등급도 같은 경우에는 위원 재직기간이 긴 위원 순서로, 재직기간도 같은 경우에는 연장자 순서로 한다)

③ 제2항에도 불구하고 제6조 제3항에 따라 시·도지사 소속으로 두는 행정심판위원회의 경우에는 해당 지방자치단체의 조례로 정하는 바에 따라 공무원이 아닌 위원을 위원장으로 정할 수 있다. 이 경우 위원장은 비상임으로 한다.

④ 행정심판위원회의 위원은 해당 행정심판위원회가 소속된 행정청이 다음 각 호의 어느 하나에 해당하는 사람 중에서 성별을 고려하여 위촉하거나 그 소속 공무원 중에서 지명한다.

  1. 변호사 자격을 취득한 후 5년 이상의 실무 경험이 있는 사람
  2. 「고등교육법」 제2조 제1호부터 제6호까지의 규정에 따른 학교에서 조교수 이상으로 재직하거나 재직하였던 사람
  3. 행정기관의 4급 이상 공무원이었거나 고위공무원단에 속하는 공무원이었던 사람
  4. 박사학위를 취득한 후 해당 분야에서 5년 이상 근무한 경험이 있는 사람
  5. 그 밖에 행정심판과 관련된 분야의 지식과 경험이 풍부한 사람

⑤ 행정심판위원회의 회의는 위원장과 위원장이 회의마다 지정하는 8명의 위원(그중 제4항에 따른 위촉위원은 6명 이상으로 하되, 제3항에 따라 위원장이 공무원이 아닌 경우에는 5명 이상으로 한다)으로 구성한다. 다만, 국회규칙, 대법원규칙, 헌법재판소규칙, 중앙선거관리위원회규칙 또는 대통령령(제6조 제3항에 따라 시·도지사 소속으로 두는 행정심판위원회의 경우에는 해당 지방자치단체의 조례)으로 정하는 바에 따라 위원장과 위원장이 회의마다 지정하는 6명의 위원(그중 제4항에 따른 위촉위원은 5명 이상으로 하되, 제3항에 따라 공무원이 아닌 위원이 위원장인 경우에는 4명 이상으로 한다)으로 구성할 수 있다.

⑥ 행정심판위원회는 제5항에 따른 구성원 과반수의 출석과 출석위원 과반수의 찬성으로 의결한다.

⑦ 행정심판위원회의 조직과 운영, 그 밖에 필요한 사항은 국회규칙, 대법원규칙, 헌법재판소규칙, 중앙선거관리위원회규칙 또는 대통령령으로 정한다.

## 제8조(중앙행정심판위원회의 구성)

① 중앙행정심판위원회는 위원장 1명을 포함하여 70명 이내의 위원으로 구성하되, 위원 중 상임위원은 4명 이내로 한다.

② 중앙행정심판위원회의 위원장은 국민권익위원회의 부위원장 중 1명이 되며, 위원장이 없거나 부득이한 사유로 직무를 수행할 수 없거나 위원장이 필요하다고 인정하는 경우에는 상임위원(상임으로 재직한 기간이 긴 위원 순서로, 재직기간이 같은 경우에는 연장자 순서로 한다)이 위원장의 직무를 대행한다.

③ 중앙행정심판위원회의 상임위원은 일반직공무원으로서 「국가공무원법」 제26조의5에 따른 임기제공무원으로 임명하되, 3급 이상 공무원 또는 고위공무원단에 속하는 일반직공무원으로 3년 이상 근무한 사람이나 그 밖에 행정심판에 관한 지식과 경험이 풍부한 사람 중에서 중앙행정심판위원회 위원장의 제청으로 국무총리를 거쳐 대통령이 임명한다.

④ 중앙행정심판위원회의 비상임위원은 제7조 제4항 각 호의 어느 하나에 해당하는 사람 중에서 중앙행정심판위원회 위원장의 제청으로 국무총리가 성별을 고려하여 위촉한다.

⑤ 중앙행정심판위원회의 회의(제6항에 따른 소위원회 회의는 제외한다)는 위원장, 상임위원 및 위원장이 회의마다 지정하는 비상임위원을 포함하여 총 9명으로 구성한다.

⑥ 중앙행정심판위원회는 심판청구사건(이하 "사건"이라 한다) 중 「도로교통법」에 따른 자동차운전면허 행정처분에 관한 사건(소위원회가 중앙행정심판위원회에서 심리·의결하도록 결정한 사건은 제외한다)을 심리·의결하게 하기 위하여 4명의 위원으로 구성하는 소위원회를 둘 수 있다.

⑦ 중앙행정심판위원회 및 소위원회는 각각 제5항 및 제6항에 따른 구성원 과반수의 출석과 출석위원 과반수의 찬성으로 의결한다.

⑧ 중앙행정심판위원회는 위원장이 지정하는 사건을 미리 검토하도록 필요한 경우에는 전문위원회를 둘 수 있다.

⑨ 중앙행정심판위원회, 소위원회 및 전문위원회의 조직과 운영 등에 필요한 사항은 대통령령으로 정한다.

## 제9조(위원의 임기 및 신분보장 등)

① 제7조 제4항에 따라 지명된 위원은 그 직에 재직하는 동안 재임한다.

② 제8조 제3항에 따라 임명된 중앙행정심판위원회 상임위원의 임기는 3년으로 하며, 1차에 한하여 연임할 수 있다.

③ 제7조 제4항 및 제8조 제4항에 따라 위촉된 위원의 임기는 2년으로 하되, 2차에 한하여 연임할 수 있다. 다만, 제6조 제1항 제2호에 규정된 기관에 두는 행정심판위원회의 위촉위원의 경우에는 각각 국회규칙, 대법원규칙, 헌법재판소규칙 또는 중앙선거관리위원회규칙으로 정하는 바에 따른다.

④ 다음 각 호의 어느 하나에 해당하는 사람은 제6조에 따른 행정심판위원회(이하 "위원회"라 한다)의 위원이 될 수 없으며, 위원이 이에 해당하게 된 때에는 당연히 퇴직한다.
   1. 대한민국 국민이 아닌 사람
   2. 「국가공무원법」 제33조 각 호의 어느 하나에 해당하는 사람

⑤ 제7조 제4항 및 제8조 제4항에 따라 위촉된 위원은 금고(禁錮) 이상의 형을 선고받거나 부득이한 사유로 장기간 직무를 수행할 수 없게 되는 경우 외에는 임기 중 그의 의사와 다르게 해촉(解囑)되지 아니한다.

## 제10조(위원의 제척·기피·회피)

① 위원회의 위원은 다음 각 호의 어느 하나에 해당하는 경우에는 그 사건의 심리·의결에서 제척(除斥)된다. 이 경우 제척결정은 위원회의 위원장(이하 "위원장"이라 한다)이 직권으로 또는 당사자의 신청에 의하여 한다.
   1. 위원 또는 그 배우자나 배우자이었던 사람이 사건의 당사자이거나 사건에 관하여 공동 권리자 또는 의무자인 경우
   2. 위원이 사건의 당사자와 친족이거나 친족이었던 경우
   3. 위원이 사건에 관하여 증언이나 감정(鑑定)을 한 경우
   4. 위원이 당사자의 대리인으로서 사건에 관여하거나 관여하였던 경우
   5. 위원이 사건의 대상이 된 처분 또는 부작위에 관여한 경우

② 당사자는 위원에게 공정한 심리·의결을 기대하기 어려운 사정이 있으면 위원장에게 기피신청을 할 수 있다.

부록

③ 위원에 대한 제척신청이나 기피신청은 그 사유를 소명(疏明)한 문서로 하여야 한다. 다만, 불가피한 경우에는 신청한 날부터 3일 이내에 신청 사유를 소명할 수 있는 자료를 제출하여야 한다.

④ 제척신청이나 기피신청이 제3항을 위반하였을 때에는 위원장은 결정으로 이를 각하한다.

⑤ 위원장은 제척신청이나 기피신청의 대상이 된 위원에게서 그에 대한 의견을 받을 수 있다.

⑥ 위원장은 제척신청이나 기피신청을 받으면 제척 또는 기피 여부에 대한 결정을 하고, 지체 없이 신청인에게 결정서 정본(正本)을 송달하여야 한다.

⑦ 위원회의 회의에 참석하는 위원이 제척사유 또는 기피사유에 해당되는 것을 알게 되었을 때에는 스스로 그 사건의 심리·의결에서 회피할 수 있다. 이 경우 회피하고자 하는 위원은 위원장에게 그 사유를 소명하여야 한다.

⑧ 사건의 심리·의결에 관한 사무에 관여하는 위원 아닌 직원에게도 제1항부터 제7항까지의 규정을 준용한다.

## 제11조(벌칙 적용 시의 공무원 의제)

위원 중 공무원이 아닌 위원은 「형법」과 그 밖의 법률에 따른 벌칙을 적용할 때에는 공무원으로 본다.

## 제12조(위원회의 권한 승계)

① 당사자의 심판청구 후 위원회가 법령의 개정·폐지 또는 제17조 제5항에 따른 피청구인의 경정 결정에 따라 그 심판청구에 대하여 재결할 권한을 잃게 된 경우에는 해당 위원회는 심판청구서와 관계 서류, 그 밖의 자료를 새로 재결할 권한을 갖게 된 위원회에 보내야 한다.

② 제1항의 경우 송부를 받은 위원회는 지체 없이 그 사실을 다음 각 호의 자에게 알려야 한다.

　　1. 행정심판 청구인(이하 "청구인"이라 한다)

　　2. 행정심판 피청구인(이하 "피청구인"이라 한다)

　　3. 제20조 또는 제21조에 따라 심판참가를 하는 자(이하 "참가인"이라 한다)

## 제3장 당사자와 관계인

## 제13조(청구인 적격)

① 취소심판은 처분의 취소 또는 변경을 구할 법률상 이익이 있는 자가 청구할 수 있다. 처분의 효과가 기간의 경과, 처분의 집행, 그 밖의 사유로 소멸된 뒤에도 그 처분의 취소로 회복되는 법률상 이익이 있는 자의 경우에도 또한 같다.

② 무효등확인심판은 처분의 효력 유무 또는 존재 여부의 확인을 구할 법률상 이익이 있는 자가 청구할 수 있다.

③ 의무이행심판은 처분을 신청한 자로서 행정청의 거부처분 또는 부작위에 대하여 일정한 처분을 구할 법률상 이익이 있는 자가 청구할 수 있다.

## 제14조(법인이 아닌 사단 또는 재단의 청구인 능력)

법인이 아닌 사단 또는 재단으로서 대표자나 관리인이 정하여져 있는 경우에는 그 사단이나 재단의 이름으로 심판청구를 할 수 있다.

## 제15조(선정대표자)

① 여러 명의 청구인이 공동으로 심판청구를 할 때에는 청구인들 중에서 3명 이하의 선정대표자를 선정할 수 있다.

② 청구인들이 제1항에 따라 선정대표자를 선정하지 아니한 경우에 위원회는 필요하다고 인정하면 청구인들에게 선정대표자를 선정할 것을 권고할 수 있다.

③ 선정대표자는 다른 청구인들을 위하여 그 사건에 관한 모든 행위를 할 수 있다. 다만, 심판청구를 취하하려면 다른 청구인들의 동의를 받아야 하며, 이 경우 동의받은 사실을 서면으로 소명하여야 한다.

④ 선정대표자가 선정되면 다른 청구인들은 그 선정대표자를 통해서만 그 사건에 관한 행위를 할 수 있다.

⑤ 선정대표자를 선정한 청구인들은 필요하다고 인정하면 선정대표자를 해임하거나 변경할 수 있다. 이 경우 청구인들은 그 사실을 지체 없이 위원회에 서면으로 알려야 한다.

## 제16조(청구인의 지위 승계)

① 청구인이 사망한 경우에는 상속인이나 그 밖에 법령에 따라 심판청구의 대상에 관계되는 권리나 이익을 승계한 자가 청구인의 지위를 승계한다.

② 법인인 청구인이 합병(合倂)에 따라 소멸하였을 때에는 합병 후 존속하는 법인이나 합병에 따라 설립된 법인이 청구인의 지위를 승계한다.

③ 제1항과 제2항에 따라 청구인의 지위를 승계한 자는 위원회에 서면으로 그 사유를 신고하여야 한다. 이 경우 신고서에는 사망 등에 의한 권리·이익의 승계 또는 합병 사실을 증명하는 서면을 함께 제출하여야 한다.

④ 제1항 또는 제2항의 경우에 제3항에 따른 신고가 있을 때까지 사망자나 합병 전의 법인에 대하여 한 통지 또는 그 밖의 행위가 청구인의 지위를 승계한 자에게 도달하면 지위를 승계한 자에 대한 통지 또는 그 밖의 행위로서의 효력이 있다.

⑤ 심판청구의 대상과 관계되는 권리나 이익을 양수한 자는 위원회의 허가를 받아 청구인의 지위를 승계할 수 있다.

⑥ 위원회는 제5항의 지위 승계 신청을 받으면 기간을 정하여 당사자와 참가인에게 의견을 제출하도록 할 수 있으며, 당사자와 참가인이 그 기간에 의견을 제출하지 아니하면 의견이 없는 것으로 본다.

⑦ 위원회는 제5항의 지위 승계 신청에 대하여 허가 여부를 결정하고, 지체 없이 신청인에게는 결정서 정본을, 당사자와 참가인에게는 결정서 등본을 송달하여야 한다.

⑧ 신청인은 위원회가 제5항의 지위 승계를 허가하지 아니하면 결정서 정본을 받은 날부터 7일 이내에 위원회에 이의신청을 할 수 있다.

## 제17조(피청구인의 적격 및 경정)

① 행정심판은 처분을 한 행정청(의무이행심판의 경우에는 청구인의 신청을 받은 행정청)을 피청구인으로 하여 청구하여야 한다. 다만, 심판청구의 대상과 관계되는 권한이 다른 행정청에 승계된 경우에는 권한을 승계한 행정청을 피청구인으로 하여야 한다.

② 청구인이 피청구인을 잘못 지정한 경우에는 위원회는 직권으로 또는 당사자의 신청에 의하여 결정으로써 피청구인을 경정(更正)할 수 있다.

③ 위원회는 제2항에 따라 피청구인을 경정하는 결정을 하면 결정서 정본을 당사자(종전의 피청구인과 새로운 피청구인을 포함한다. 이하 제6항에서 같다)에게 송달하여야 한다.

④ 제2항에 따른 결정이 있으면 종전의 피청구인에 대한 심판청구는 취하되고 종전의 피청구인에 대한 행정심판이 청구된 때에 새로운 피청구인에 대한 행정심판이 청구된 것으로 본다.

⑤ 위원회는 행정심판이 청구된 후에 제1항 단서의 사유가 발생하면 직권으로 또는 당사자의 신청에 의하여 결정으로써 피청구인을 경정한다. 이 경우에는 제3항과 제4항을 준용한다.

⑥ 당사자는 제2항 또는 제5항에 따른 위원회의 결정에 대하여 결정서 정본을 받은 날부터 7일 이내에 위원회에 이의신청을 할 수 있다.

### 제18조(대리인의 선임)

① 청구인은 법정대리인 외에 다음 각 호의 어느 하나에 해당하는 자를 대리인으로 선임할 수 있다.

1. 청구인의 배우자, 청구인 또는 배우자의 사촌 이내의 혈족
2. 청구인이 법인이거나 제14조에 따른 청구인 능력이 있는 법인이 아닌 사단 또는 재단인 경우 그 소속 임직원
3. 변호사
4. 다른 법률에 따라 심판청구를 대리할 수 있는 자
5. 그 밖에 위원회의 허가를 받은 자

② 피청구인은 그 소속 직원 또는 제1항 제3호부터 제5호까지의 어느 하나에 해당하는 자를 대리인으로 선임할 수 있다.

③ 제1항과 제2항에 따른 대리인에 관하여는 제15조 제3항 및 제5항을 준용한다.

### 제18조의2(국선대리인)

① 청구인이 경제적 능력으로 인해 대리인을 선임할 수 없는 경우에는 위원회에 국선대리인을 선임하여 줄 것을 신청할 수 있다.

② 위원회는 제1항의 신청에 따른 국선대리인 선정 여부에 대한 결정을 하고, 지체 없이 청구인에게 그 결과를 통지하여야 한다. 이 경우 위원회는 심판청구가 명백히 부적법하거나 이유 없는 경우 또는 권리의 남용이라고 인정되는 경우에는 국선대리인을 선정하지 아니할 수 있다.

③ 국선대리인 신청절차, 국선대리인 지원 요건, 국선대리인의 자격·보수 등 국선대리인 운영에 필요한 사항은 국회규칙, 대법원규칙, 헌법재판소규칙, 중앙선거관리위원회규칙 또는 대통령령으로 정한다.

### 제19조(대표자 등의 자격)

① 대표자·관리인·선정대표자 또는 대리인의 자격은 서면으로 소명하여야 한다.

② 청구인이나 피청구인은 대표자·관리인·선정대표자 또는 대리인이 그 자격을 잃으면 그 사실을 서면으로 위원회에 신고하여야 한다. 이 경우 소명 자료를 함께 제출하여야 한다.

### 제20조(심판참가)

① 행정심판의 결과에 이해관계가 있는 제3자나 행정청은 해당 심판청구에 대한 제7조 제6항 또는 제8조 제7항에 따른 위원회나 소위원회의 의결이 있기 전까지 그 사건에 대하여 심판참가를 할 수 있다.

② 제1항에 따른 심판참가를 하려는 자는 참가의 취지와 이유를 적은 참가신청서를 위원회에 제출하여야 한다. 이 경우 당사자의 수만큼 참가신청서 부본을 함께 제출하여야 한다.

③ 위원회는 제2항에 따라 참가신청서를 받으면 참가신청서 부본을 당사자에게 송달하여야 한다.

④ 제3항의 경우 위원회는 기간을 정하여 당사자와 다른 참가인에게 제3자의 참가신청에 대한 의견을 제출하도록 할 수 있으며, 당사자와 다른 참가인이 그 기간에 의견을 제출하지 아니하면 의견이 없는 것으로 본다.

⑤ 위원회는 제2항에 따라 참가신청을 받으면 허가 여부를 결정하고, 지체 없이 신청인에게는 결정서 정본을, 당사자와 다른 참가인에게는 결정서 등본을 송달하여야 한다.

⑥ 신청인은 제5항에 따라 송달을 받은 날부터 7일 이내에 위원회에 이의신청을 할 수 있다.

### 제21조(심판참가의 요구)

① 위원회는 필요하다고 인정하면 그 행정심판 결과에 이해관계가 있는 제3자나 행정청에 그 사건 심판에 참가할 것을 요구할 수 있다.

② 제1항의 요구를 받은 제3자나 행정청은 지체 없이 그 사건 심판에 참가할 것인지 여부를 위원회에 통지하여야 한다.

### 제22조(참가인의 지위)

① 참가인은 행정심판 절차에서 당사자가 할 수 있는 심판절차상의 행위를 할 수 있다.

② 이 법에 따라 당사자가 위원회에 서류를 제출할 때에는 참가인의 수만큼 부본을 제출하여야 하고, 위원회가 당사자에게 통지를 하거나 서류를 송달할 때에는 참가인에게도 통지하거나 송달하여야 한다.

③ 참가인의 대리인 선임과 대표자 자격 및 서류 제출에 관하여는 제18조, 제19조 및 이 조 제2항을 준용한다.

## 제4장 행정심판 청구

### 제23조(심판청구서의 제출)

① 행정심판을 청구하려는 자는 제28조에 따라 심판청구서를 작성하여 피청구인이나 위원회에 제출하여야 한다. 이 경우 피청구인의 수만큼 심판청구서 부본을 함께 제출하여야 한다.

② 행정청이 제58조에 따른 고지를 하지 아니하거나 잘못 고지하여 청구인이 심판청구서를 다른 행정기관에 제출한 경우에는 그 행정기관은 그 심판청구서를 지체 없이 정당한 권한이 있는 피청구인에게 보내야 한다.

③ 제2항에 따라 심판청구서를 보낸 행정기관은 지체 없이 그 사실을 청구인에게 알려야 한다.

④ 제27조에 따른 심판청구 기간을 계산할 때에는 제1항에 따른 피청구인이나 위원회 또는 제2항에 따른 행정기관에 심판청구서가 제출되었을 때에 행정심판이 청구된 것으로 본다.

### 제24조(피청구인의 심판청구서 등의 접수·처리)

① 피청구인이 제23조 제1항·제2항 또는 제26조 제1항에 따라 심판청구서를 접수하거나 송부받으면 10일 이내에 심판청구서(제23조 제1항·제2항의 경우만 해당된다)와 답변서를 위원회에 보내야 한다. 다만, 청구인이 심판청구를 취하한 경우에는 그러하지 아니하다.

② 제1항에도 불구하고 심판청구가 그 내용이 특정되지 아니하는 등 명백히 부적법하다고 판단되는 경우에 피청구인은 답변서를 위원회에 보내지 아니할 수 있다. 이 경우 심판청구서를 접수하거나 송부받은 날부터 10일 이내에 그 사유를 위원회에 문서로 통보하여야 한다.

③ 제2항에도 불구하고 위원장이 심판청구에 대하여 답변서 제출을 요구하면 피청구인은 위원장으로부터 답변서 제출을 요구받은 날부터 10일 이내에 위원회에 답변서를 제출하여야 한다.

④ 피청구인은 처분의 상대방이 아닌 제3자가 심판청구를 한 경우에는 지체 없이 처분의 상대방에게 그 사실을 알려야 한다. 이 경우 심판청구서 사본을 함께 송달하여야 한다.

⑤ 피청구인이 제1항 본문에 따라 심판청구서를 보낼 때에는 심판청구서에 위원회가 표시되지 아니하였거나 잘못 표시된 경우에도 정당한 권한이 있는 위원회에 보내야 한다.

⑥ 피청구인은 제1항 본문 또는 제3항에 따라 답변서를 보낼 때에는 청구인의 수만큼 답변서 부본을 함께 보내되, 답변서에는 다음 각 호의 사항을 명확하게 적어야 한다.

　1. 처분이나 부작위의 근거와 이유

　2. 심판청구의 취지와 이유에 대응하는 답변

　3. 제4항에 해당하는 경우에는 처분의 상대방의 이름·주소·연락처와 제4항의 의무 이행 여부

⑦ 제4항과 제5항의 경우에 피청구인은 송부 사실을 지체 없이 청구인에게 알려야 한다.

⑧ 중앙행정심판위원회에서 심리·재결하는 사건인 경우 피청구인은 제1항 또는 제3항에 따라 위원회에 심판청구서 또는 답변서를 보낼 때에는 소관 중앙행정기관의 장에게도 그 심판청구·답변의 내용을 알려야 한다.

## 제25조(피청구인의 직권취소 등)

① 제23조 제1항·제2항 또는 제26조 제1항에 따라 심판청구서를 받은 피청구인은 그 심판청구가 이유 있다고 인정하면 심판청구의 취지에 따라 직권으로 처분을 취소·변경하거나 확인을 하거나 신청에 따른 처분(이하 이 조에서 "직권취소 등"이라 한다)을 할 수 있다. 이 경우 서면으로 청구인에게 알려야 한다.

② 피청구인은 제1항에 따라 직권취소 등을 하였을 때에는 청구인이 심판청구를 취하한 경우가 아니면 제24조 제1항 본문에 따라 심판청구서·답변서를 보내거나 같은 조 제3항에 따라 답변서를 보낼 때 직권취소 등의 사실을 증명하는 서류를 위원회에 함께 제출하여야 한다.

## 제26조(위원회의 심판청구서 등의 접수·처리)

① 위원회는 제23조 제1항에 따라 심판청구서를 받으면 지체 없이 피청구인에게 심판청구서 부본을 보내야 한다.

② 위원회는 제24조 제1항 본문 또는 제3항에 따라 피청구인으로부터 답변서가 제출된 경우 답변서 부본을 청구인에게 송달하여야 한다.

## 제27조(심판청구의 기간)

① 행정심판은 처분이 있음을 알게 된 날부터 90일 이내에 청구하여야 한다.

② 청구인이 천재지변, 전쟁, 사변(事變), 그 밖의 불가항력으로 인하여 제1항에서 정한 기간에 심판청구를 할 수 없었을 때에는 그 사유가 소멸한 날부터 14일 이내에 행정심판을 청구할 수 있다. 다만, 국외에서 행정심판을 청구하는 경우에는 그 기간을 30일로 한다.

③ 행정심판은 처분이 있었던 날부터 180일이 지나면 청구하지 못한다. 다만, 정당한 사유가 있는 경우에는 그러하지 아니하다.

④ 제1항과 제2항의 기간은 불변기간(不變期間)으로 한다.

⑤ 행정청이 심판청구 기간을 제1항에 규정된 기간보다 긴 기간으로 잘못 알린 경우 그 잘못 알린 기간에 심판청구가 있으면 그 행정심판은 제1항에 규정된 기간에 청구된 것으로 본다.

⑥ 행정청이 심판청구 기간을 알리지 아니한 경우에는 제3항에 규정된 기간에 심판청구를 할 수 있다.

⑦ 제1항부터 제6항까지의 규정은 무효등확인심판청구와 부작위에 대한 의무이행심판청구에는 적용하지 아니한다.

## 제28조(심판청구의 방식)

① 심판청구는 서면으로 하여야 한다.

② 처분에 대한 심판청구의 경우에는 심판청구서에 다음 각 호의 사항이 포함되어야 한다.

    1. 청구인의 이름과 주소 또는 사무소(주소 또는 사무소 외의 장소에서 송달받기를 원하면 송달장소를 추가로 적어야 한다)

    2. 피청구인과 위원회

    3. 심판청구의 대상이 되는 처분의 내용

    4. 처분이 있음을 알게 된 날

    5. 심판청구의 취지와 이유

    6. 피청구인의 행정심판 고지 유무와 그 내용

③ 부작위에 대한 심판청구의 경우에는 제2항 제1호·제2호·제5호의 사항과 그 부작위의 전제가 되는 신청의 내용과 날짜를 적어야 한다.

④ 청구인이 법인이거나 제14조에 따른 청구인 능력이 있는 법인이 아닌 사단 또는 재단이거나 행정심판이 선정대표자나 대리인에 의하여 청구되는 것일 때에는 제2항 또는 제3항의 사항과 함께 그 대표자·관리인·선정대표자 또는 대리인의 이름과 주소를 적어야 한다.

⑤ 심판청구서에는 청구인·대표자·관리인·선정대표자 또는 대리인이 서명하거나 날인하여야 한다.

## 제29조(청구의 변경)

① 청구인은 청구의 기초에 변경이 없는 범위에서 청구의 취지나 이유를 변경할 수 있다.

② 행정심판이 청구된 후에 피청구인이 새로운 처분을 하거나 심판청구의 대상인 처분을 변경한 경우에는 청구인은 새로운 처분이나 변경된 처분에 맞추어 청구의 취지나 이유를 변경할 수 있다.

③ 제1항 또는 제2항에 따른 청구의 변경은 서면으로 신청하여야 한다. 이 경우 피청구인과 참가인의 수만큼 청구변경신청서 부본을 함께 제출하여야 한다.

④ 위원회는 제3항에 따른 청구변경신청서 부본을 피청구인과 참가인에게 송달하여야 한다.

⑤ 제4항의 경우 위원회는 기간을 정하여 피청구인과 참가인에게 청구변경 신청에 대한 의견을 제출하도록 할 수 있으며, 피청구인과 참가인이 그 기간에 의견을 제출하지 아니하면 의견이 없는 것으로 본다.

⑥ 위원회는 제1항 또는 제2항의 청구변경 신청에 대하여 허가할 것인지 여부를 결정하고, 지체 없이 신청인에게는 결정서 정본을, 당사자 및 참가인에게는 결정서 등본을 송달하여야 한다.

⑦ 신청인은 제6항에 따라 송달을 받은 날부터 7일 이내에 위원회에 이의신청을 할 수 있다.

⑧ 청구의 변경결정이 있으면 처음 행정심판이 청구되었을 때부터 변경된 청구의 취지나 이유로 행정심판이 청구된 것으로 본다.

## 제30조(집행정지)

① 심판청구는 처분의 효력이나 그 집행 또는 절차의 속행(續行)에 영향을 주지 아니한다.

② 위원회는 처분, 처분의 집행 또는 절차의 속행 때문에 중대한 손해가 생기는 것을 예방할 필요성이 긴급하다고 인정할 때에는 직권으로 또는 당사자의 신청에 의하여 처분의 효력, 처분의 집행 또는 절차의 속행의 전부 또는 일부의 정지(이하 "집행정지"라 한다)를 결정할 수 있다. 다만, 처분의 효력정지는 처분의 집행 또는 절차의 속행을 정지함으로써 그 목적을 달성할 수 있을 때에는 허용되지 아니한다.

③ 집행정지는 공공복리에 중대한 영향을 미칠 우려가 있을 때에는 허용되지 아니한다.

④ 위원회는 집행정지를 결정한 후에 집행정지가 공공복리에 중대한 영향을 미치거나 그 정지사유가 없어진 경우에는 직권으로 또는 당사자의 신청에 의하여 집행정지 결정을 취소할 수 있다.

⑤ 집행정지 신청은 심판청구와 동시에 또는 심판청구에 대한 제7조 제6항 또는 제8조 제7항에 따른 위원회나 소위원회의 의결이 있기 전까지, 집행정지 결정의 취소신청은 심판청구에 대한 제7조 제6항 또는 제8조 제7항에 따른 위원회나 소위원회의 의결이 있기 전까지 신청의 취지와 원인을 적은 서면을 위원회에 제출하여야 한다. 다만, 심판청구서를 피청구인에게 제출한 경우로서 심판청구와 동시에 집행정지 신청을 할 때에는 심판청구서 사본과 접수증명서를 함께 제출하여야 한다.

⑥ 제2항과 제4항에도 불구하고 위원회의 심리·결정을 기다릴 경우 중대한 손해가 생길 우려가 있다고 인정되면 위원장은 직권으로 위원회의 심리·결정을 갈음하는 결정을 할 수 있다. 이 경우 위원장은 지체 없이 위원회에 그 사실을 보고하고 추인(追認)을 받아야 하며, 위원회의 추인을 받지 못하면 위원장은 집행정지 또는 집행정지 취소에 관한 결정을 취소하여야 한다.

⑦ 위원회는 집행정지 또는 집행정지의 취소에 관하여 심리·결정하면 지체 없이 당사자에게 결정서 정본을 송달하여야 한다.

## 제31조(임시처분)

① 위원회는 처분 또는 부작위가 위법·부당하다고 상당히 의심되는 경우로서 처분 또는 부작위 때문에 당사자가 받을 우려가 있는 중대한 불이익이나 당사자에게 생길 급박한 위험을 막기 위하여 임시지위를 정하여야 할 필요가 있는 경우에는 직권으로 또는 당사자의 신청에 의하여 임시처분을 결정할 수 있다.

② 제1항에 따른 임시처분에 관하여는 제30조 제3항부터 제7항까지를 준용한다. 이 경우 같은 조 제6항 전단 중 "중대한 손해가 생길 우려"는 "중대한 불이익이나 급박한 위험이 생길 우려"로 본다.

③ 제1항에 따른 임시처분은 제30조 제2항에 따른 집행정지로 목적을 달성할 수 있는 경우에는 허용되지 아니한다.

# 제5장 심리

## 제32조(보정)

① 위원회는 심판청구가 적법하지 아니하나 보정(補正)할 수 있다고 인정하면 기간을 정하여 청구인에게 보정할 것을 요구할 수 있다. 다만, 경미한 사항은 직권으로 보정할 수 있다.

② 청구인은 제1항의 요구를 받으면 서면으로 보정하여야 한다. 이 경우 다른 당사자의 수만큼 보정서 부본을 함께 제출하여야 한다.

③ 위원회는 제2항에 따라 제출된 보정서 부본을 지체 없이 다른 당사자에게 송달하여야 한다.

④ 제1항에 따른 보정을 한 경우에는 처음부터 적법하게 행정심판이 청구된 것으로 본다.

⑤ 제1항에 따른 보정기간은 제45조에 따른 재결 기간에 산입하지 아니한다.

⑥ 위원회는 청구인이 제1항에 따른 보정기간 내에 그 흠을 보정하지 아니한 경우에는 그 심판청구를 각하할 수 있다.

## 제32조의2(보정할 수 없는 심판청구의 각하)

위원회는 심판청구서에 타인을 비방하거나 모욕하는 내용 등이 기재되어 청구 내용을 특정할 수 없고 그 흠을 보정할 수 없다고 인정되는 경우에는 제32조 제1항에 따른 보정요구 없이 그 심판청구를 각하할 수 있다.

## 제33조(주장의 보충)

① 당사자는 심판청구서・보정서・답변서・참가신청서 등에서 주장한 사실을 보충하고 다른 당사자의 주장을 다시 반박하기 위하여 필요하면 위원회에 보충서면을 제출할 수 있다. 이 경우 다른 당사자의 수만큼 보충서면 부본을 함께 제출하여야 한다.

② 위원회는 필요하다고 인정하면 보충서면의 제출기한을 정할 수 있다.

③ 위원회는 제1항에 따라 보충서면을 받으면 지체 없이 다른 당사자에게 그 부본을 송달하여야 한다.

## 제34조(증거서류 등의 제출)

① 당사자는 심판청구서・보정서・답변서・참가신청서・보충서면 등에 덧붙여 그 주장을 뒷받침하는 증거서류나 증거물을 제출할 수 있다.

② 제1항의 증거서류에는 다른 당사자의 수만큼 증거서류 부본을 함께 제출하여야 한다.

③ 위원회는 당사자가 제출한 증거서류의 부본을 지체 없이 다른 당사자에게 송달하여야 한다.

## 제35조(자료의 제출 요구 등)

① 위원회는 사건 심리에 필요하면 관계 행정기관이 보관 중인 관련 문서, 장부, 그 밖에 필요한 자료를 제출할 것을 요구할 수 있다.

② 위원회는 필요하다고 인정하면 사건과 관련된 법령을 주관하는 행정기관이나 그 밖의 관계 행정기관의 장 또는 그 소속 공무원에게 위원회 회의에 참석하여 의견을 진술할 것을 요구하거나 의견서를 제출할 것을 요구할 수 있다.

③ 관계 행정기관의 장은 특별한 사정이 없으면 제1항과 제2항에 따른 위원회의 요구에 따라야 한다.

④ 중앙행정심판위원회에서 심리・재결하는 심판청구의 경우 소관 중앙행정기관의 장은 의견서를 제출하거나 위원회에 출석하여 의견을 진술할 수 있다.

## 제36조(증거조사)

① 위원회는 사건을 심리하기 위하여 필요하면 직권으로 또는 당사자의 신청에 의하여 다음 각 호의 방법에 따라 증거조사를 할 수 있다.

　1. 당사자나 관계인(관계 행정기관 소속 공무원을 포함한다. 이하 같다)을 위원회의 회의에 출석하게 하여 신문(訊問)하는 방법

　2. 당사자나 관계인이 가지고 있는 문서・장부・물건 또는 그 밖의 증거자료의 제출을 요구하고 영치(領置)하는 방법

   3. 특별한 학식과 경험을 가진 제3자에게 감정을 요구하는 방법
   4. 당사자 또는 관계인의 주소·거소·사업장이나 그 밖의 필요한 장소에 출입하여 당사자 또는 관계인
      에게 질문하거나 서류·물건 등을 조사·검증하는 방법
② 위원회는 필요하면 위원회가 소속된 행정청의 직원이나 다른 행정기관에 촉탁하여 제1항의 증거조사를
   하게 할 수 있다.
③ 제1항에 따른 증거조사를 수행하는 사람은 그 신분을 나타내는 증표를 지니고 이를 당사자나 관계인에게
   내보여야 한다.
④ 제1항에 따른 당사자 등은 위원회의 조사나 요구 등에 성실하게 협조하여야 한다.

## 제37조(절차의 병합 또는 분리)

위원회는 필요하면 관련되는 심판청구를 병합하여 심리하거나 병합된 관련 청구를 분리하여 심리할 수 있다.

## 제38조(심리기일의 지정과 변경)

① 심리기일은 위원회가 직권으로 지정한다.
② 심리기일의 변경은 직권으로 또는 당사자의 신청에 의하여 한다.
③ 위원회는 심리기일이 변경되면 지체 없이 그 사실과 사유를 당사자에게 알려야 한다.
④ 심리기일의 통지나 심리기일 변경의 통지는 서면으로 하거나 심판청구서에 적힌 전화, 휴대전화를 이용
   한 문자전송, 팩시밀리 또는 전자우편 등 간편한 통지 방법(이하 "간이통지방법"이라 한다)으로 할 수
   있다.

## 제39조(직권심리)

위원회는 필요하면 당사자가 주장하지 아니한 사실에 대하여도 심리할 수 있다.

## 제40조(심리의 방식)

① 행정심판의 심리는 구술심리나 서면심리로 한다. 다만, 당사자가 구술심리를 신청한 경우에는 서면심리
   만으로 결정할 수 있다고 인정되는 경우 외에는 구술심리를 하여야 한다.
② 위원회는 제1항 단서에 따라 구술심리 신청을 받으면 그 허가 여부를 결정하여 신청인에게 알려야 한다.
③ 제2항의 통지는 간이통지방법으로 할 수 있다.

## 제41조(발언 내용 등의 비공개)

위원회에서 위원이 발언한 내용이나 그 밖에 공개되면 위원회의 심리·재결의 공정성을 해칠 우려가 있는
사항으로서 대통령령으로 정하는 사항은 공개하지 아니한다.

## 제42조(심판청구 등의 취하)

① 청구인은 심판청구에 대하여 제7조 제6항 또는 제8조 제7항에 따른 의결이 있을 때까지 서면으로 심판
   청구를 취하할 수 있다.
② 참가인은 심판청구에 대하여 제7조 제6항 또는 제8조 제7항에 따른 의결이 있을 때까지 서면으로 참가
   신청을 취하할 수 있다.
③ 제1항 또는 제2항에 따른 취하서에는 청구인이나 참가인이 서명하거나 날인하여야 한다.

④ 청구인 또는 참가인은 취하서를 피청구인 또는 위원회에 제출하여야 한다. 이 경우 제23조 제2항부터 제4항까지의 규정을 준용한다.

⑤ 피청구인 또는 위원회는 계속 중인 사건에 대하여 제1항 또는 제2항에 따른 취하서를 받으면 지체 없이 다른 관계 기관, 청구인, 참가인에게 취하 사실을 알려야 한다.

## 제6장 재결

### 제43조(재결의 구분)

① 위원회는 심판청구가 적법하지 아니하면 그 심판청구를 각하(却下)한다.

② 위원회는 심판청구가 이유가 없다고 인정하면 그 심판청구를 기각(棄却)한다.

③ 위원회는 취소심판의 청구가 이유가 있다고 인정하면 처분을 취소 또는 다른 처분으로 변경하거나 처분을 다른 처분으로 변경할 것을 피청구인에게 명한다.

④ 위원회는 무효등확인심판의 청구가 이유가 있다고 인정하면 처분의 효력 유무 또는 처분의 존재 여부를 확인한다.

⑤ 위원회는 의무이행심판의 청구가 이유가 있다고 인정하면 지체 없이 신청에 따른 처분을 하거나 처분을 할 것을 피청구인에게 명한다.

### 제43조의2(조정)

① 위원회는 당사자의 권리 및 권한의 범위에서 당사자의 동의를 받아 심판청구의 신속하고 공정한 해결을 위하여 조정을 할 수 있다. 다만, 그 조정이 공공복리에 적합하지 아니하거나 해당 처분의 성질에 반하는 경우에는 그러하지 아니하다.

② 위원회는 제1항의 조정을 함에 있어서 심판청구된 사건의 법적·사실적 상태와 당사자 및 이해관계자의 이익 등 모든 사정을 참작하고, 조정의 이유와 취지를 설명하여야 한다.

③ 조정은 당사자가 합의한 사항을 조정서에 기재한 후 당사자가 서명 또는 날인하고 위원회가 이를 확인함으로써 성립한다.

④ 제3항에 따른 조정에 대하여는 제48조부터 제50조까지, 제50조의2, 제51조의 규정을 준용한다.

### 제44조(사정재결)

① 위원회는 심판청구가 이유가 있다고 인정하는 경우에도 이를 인용(認容)하는 것이 공공복리에 크게 위배된다고 인정하면 그 심판청구를 기각하는 재결을 할 수 있다. 이 경우 위원회는 재결의 주문(主文)에서 그 처분 또는 부작위가 위법하거나 부당하다는 것을 구체적으로 밝혀야 한다.

② 위원회는 제1항에 따른 재결을 할 때에는 청구인에 대하여 상당한 구제방법을 취하거나 상당한 구제방법을 취할 것을 피청구인에게 명할 수 있다.

③ 제1항과 제2항은 무효등확인심판에는 적용하지 아니한다.

### 제45조(재결 기간)

① 재결은 제23조에 따라 피청구인 또는 위원회가 심판청구서를 받은 날부터 60일 이내에 하여야 한다. 다만, 부득이한 사정이 있는 경우에는 위원장이 직권으로 30일을 연장할 수 있다.

② 위원장은 제1항 단서에 따라 재결 기간을 연장할 경우에는 재결 기간이 끝나기 7일 전까지 당사자에게 알려야 한다.

### 제46조(재결의 방식)

① 재결은 서면으로 한다.
② 제1항에 따른 재결서에는 다음 각 호의 사항이 포함되어야 한다.
    1. 사건번호와 사건명
    2. 당사자·대표자 또는 대리인의 이름과 주소
    3. 주문
    4. 청구의 취지
    5. 이유
    6. 재결한 날짜
③ 재결서에 적는 이유에는 주문 내용이 정당하다는 것을 인정할 수 있는 정도의 판단을 표시하여야 한다.

### 제47조(재결의 범위)

① 위원회는 심판청구의 대상이 되는 처분 또는 부작위 외의 사항에 대하여는 재결하지 못한다.
② 위원회는 심판청구의 대상이 되는 처분보다 청구인에게 불리한 재결을 하지 못한다.

### 제48조(재결의 송달과 효력 발생)

① 위원회는 지체 없이 당사자에게 재결서의 정본을 송달하여야 한다. 이 경우 중앙행정심판위원회는 재결 결과를 소관 중앙행정기관의 장에게도 알려야 한다.
② 재결은 청구인에게 제1항 전단에 따라 송달되었을 때에 그 효력이 생긴다.
③ 위원회는 재결서의 등본을 지체 없이 참가인에게 송달하여야 한다.
④ 처분의 상대방이 아닌 제3자가 심판청구를 한 경우 위원회는 재결서의 등본을 지체 없이 피청구인을 거쳐 처분의 상대방에게 송달하여야 한다.

### 제49조(재결의 기속력 등)

① 심판청구를 인용하는 재결은 피청구인과 그 밖의 관계 행정청을 기속(羈束)한다.
② 재결에 의하여 취소되거나 무효 또는 부존재로 확인되는 처분이 당사자의 신청을 거부하는 것을 내용으로 하는 경우에는 그 처분을 한 행정청은 재결의 취지에 따라 다시 이전의 신청에 대한 처분을 하여야 한다.
③ 당사자의 신청을 거부하거나 부작위로 방치한 처분의 이행을 명하는 재결이 있으면 행정청은 지체 없이 이전의 신청에 대하여 재결의 취지에 따라 처분을 하여야 한다.
④ 신청에 따른 처분이 절차의 위법 또는 부당을 이유로 재결로써 취소된 경우에는 제2항을 준용한다.
⑤ 법령의 규정에 따라 공고하거나 고시한 처분이 재결로써 취소되거나 변경되면 처분을 한 행정청은 지체 없이 그 처분이 취소 또는 변경되었다는 것을 공고하거나 고시하여야 한다.
⑥ 법령의 규정에 따라 처분의 상대방 외의 이해관계인에게 통지된 처분이 재결로써 취소되거나 변경되면 처분을 한 행정청은 지체 없이 그 이해관계인에게 그 처분이 취소 또는 변경되었다는 것을 알려야 한다.

## 제50조(위원회의 직접처분)

① 위원회는 피청구인이 제49조 제3항에도 불구하고 처분을 하지 아니하는 경우에는 당사자가 신청하면 기간을 정하여 서면으로 시정을 명하고 그 기간에 이행하지 아니하면 직접처분을 할 수 있다. 다만, 그 처분의 성질이나 그 밖의 불가피한 사유로 위원회가 직접처분을 할 수 없는 경우에는 그러하지 아니하다.

② 위원회는 제1항 본문에 따라 직접처분을 하였을 때에는 그 사실을 해당 행정청에 통보하여야 하며, 그 통보를 받은 행정청은 위원회가 한 처분을 자기가 한 처분으로 보아 관계 법령에 따라 관리·감독 등 필요한 조치를 하여야 한다.

## 제50조의2(위원회의 간접강제)

① 위원회는 피청구인이 제49조 제2항(제49조 제4항에서 준용하는 경우를 포함한다) 또는 제3항에 따른 처분을 하지 아니하면 청구인의 신청에 의하여 결정으로 상당한 기간을 정하고 피청구인이 그 기간 내에 이행하지 아니하는 경우에는 그 지연기간에 따라 일정한 배상을 하도록 명하거나 즉시 배상을 할 것을 명할 수 있다.

② 위원회는 사정의 변경이 있는 경우에는 당사자의 신청에 의하여 제1항에 따른 결정의 내용을 변경할 수 있다.

③ 위원회는 제1항 또는 제2항에 따른 결정을 하기 전에 신청 상대방의 의견을 들어야 한다.

④ 청구인은 제1항 또는 제2항에 따른 결정에 불복하는 경우 그 결정에 대하여 행정소송을 제기할 수 있다.

⑤ 제1항 또는 제2항에 따른 결정의 효력은 피청구인인 행정청이 소속된 국가·지방자치단체 또는 공공단체에 미치며, 결정서 정본은 제4항에 따른 소송제기와 관계없이 「민사집행법」에 따른 강제집행에 관하여는 집행권원과 같은 효력을 가진다. 이 경우 집행문은 위원장의 명에 따라 위원회가 소속된 행정청 소속 공무원이 부여한다.

⑥ 간접강제 결정에 기초한 강제집행에 관하여 이 법에 특별한 규정이 없는 사항에 대하여는 「민사집행법」의 규정을 준용한다. 다만, 「민사집행법」 제33조(집행문부여의 소), 제34조(집행문부여 등에 관한 이의신청), 제44조(청구에 관한 이의의 소) 및 제45조(집행문부여에 대한 이의의 소)에서 관할법원은 피청구인의 소재지를 관할하는 행정법원으로 한다.

## 제51조(행정심판 재청구의 금지)

심판청구에 대한 재결이 있으면 그 재결 및 같은 처분 또는 부작위에 대하여 다시 행정심판을 청구할 수 없다.

## 제7장 전자정보처리조직을 통한 행정심판 절차의 수행

## 제52조(전자정보처리조직을 통한 심판청구 등)

① 이 법에 따른 행정심판 절차를 밟는 자는 심판청구서와 그 밖의 서류를 전자문서화하고 이를 정보통신망을 이용하여 위원회에서 지정·운영하는 전자정보처리조직(행정심판 절차에 필요한 전자문서를 작성·제출·송달할 수 있도록 하는 하드웨어, 소프트웨어, 데이터베이스, 네트워크, 보안요소 등을 결합하여 구축한 정보처리능력을 갖춘 전자적 장치를 말한다. 이하 같다)을 통하여 제출할 수 있다.

② 제1항에 따라 제출된 전자문서는 이 법에 따라 제출된 것으로 보며, 부본을 제출할 의무는 면제된다.

③ 제1항에 따라 제출된 전자문서는 그 문서를 제출한 사람이 정보통신망을 통하여 전자정보처리조직에서 제공하는 접수번호를 확인하였을 때에 전자정보처리조직에 기록된 내용으로 접수된 것으로 본다.

④ 전자정보처리조직을 통하여 접수된 심판청구의 경우 제27조에 따른 심판청구 기간을 계산할 때에는 제3항에 따른 접수가 되었을 때 행정심판이 청구된 것으로 본다.

⑤ 전자정보처리조직의 지정내용, 전자정보처리조직을 이용한 심판청구서 등의 접수와 처리 등에 관하여 필요한 사항은 국회규칙, 대법원규칙, 헌법재판소규칙, 중앙선거관리위원회규칙 또는 대통령령으로 정한다.

## 제53조(전자서명 등)

① 위원회는 전자정보처리조직을 통하여 행정심판 절차를 밟으려는 자에게 본인(本人)임을 확인할 수 있는 「전자서명법」 제2조 제2호에 따른 전자서명(서명자의 실지명의를 확인할 수 있는 것을 말한다)이나 그 밖의 인증(이하 이 조에서 "전자서명 등"이라 한다)을 요구할 수 있다.

② 제1항에 따라 전자서명 등을 한 자는 이 법에 따른 서명 또는 날인을 한 것으로 본다.

③ 전자서명 등에 필요한 사항은 국회규칙, 대법원규칙, 헌법재판소규칙, 중앙선거관리위원회규칙 또는 대통령령으로 정한다.

## 제54조(전자정보처리조직을 이용한 송달 등)

① 피청구인 또는 위원회는 제52조 제1항에 따라 행정심판을 청구하거나 심판참가를 한 자에게 전자정보처리조직과 그와 연계된 정보통신망을 이용하여 재결서나 이 법에 따른 각종 서류를 송달할 수 있다. 다만, 청구인이나 참가인이 동의하지 아니하는 경우에는 그러하지 아니하다.

② 제1항 본문의 경우 위원회는 송달하여야 하는 재결서 등 서류를 전자정보처리조직에 입력하여 등재한 다음 그 등재 사실을 국회규칙, 대법원규칙, 헌법재판소규칙, 중앙선거관리위원회규칙 또는 대통령령으로 정하는 방법에 따라 전자우편 등으로 알려야 한다.

③ 제1항에 따른 전자정보처리조직을 이용한 서류 송달은 서면으로 한 것과 같은 효력을 가진다.

④ 제1항에 따른 서류의 송달은 청구인이 제2항에 따라 등재된 전자문서를 확인한 때에 전자정보처리조직에 기록된 내용으로 도달한 것으로 본다. 다만, 제2항에 따라 그 등재사실을 통지한 날부터 2주 이내(재결서 외의 서류는 7일 이내)에 확인하지 아니하였을 때에는 등재사실을 통지한 날부터 2주가 지난 날(재결서 외의 서류는 7일이 지난 날)에 도달한 것으로 본다.

⑤ 서면으로 심판청구 또는 심판참가를 한 자가 전자정보처리조직의 이용을 신청한 경우에는 제52조·제53조 및 이 조를 준용한다.

⑥ 위원회, 피청구인, 그 밖의 관계 행정기관 간의 서류의 송달 등에 관하여는 제52조·제53조 및 이 조를 준용한다.

⑦ 제1항 본문에 따른 송달의 방법이나 그 밖에 필요한 사항은 국회규칙, 대법원규칙, 헌법재판소규칙, 중앙선거관리위원회규칙 또는 대통령령으로 정한다.

## 제8장 보칙

### 제55조(증거서류 등의 반환)

위원회는 재결을 한 후 증거서류 등의 반환 신청을 받으면 신청인이 제출한 문서·장부·물건이나 그 밖의 증거자료의 원본(原本)을 지체 없이 제출자에게 반환하여야 한다.

### 제56조(주소 등 송달장소 변경의 신고의무)

당사자, 대리인, 참가인 등은 주소나 사무소 또는 송달장소를 바꾸면 그 사실을 바로 위원회에 서면으로 또는 전자정보처리조직을 통하여 신고하여야 한다. 제54조 제2항에 따른 전자우편주소 등을 바꾼 경우에도 또한 같다.

## 제57조(서류의 송달)

이 법에 따른 서류의 송달에 관하여는 「민사소송법」 중 송달에 관한 규정을 준용한다.

## 제58조(행정심판의 고지)

① 행정청이 처분을 할 때에는 처분의 상대방에게 다음 각 호의 사항을 알려야 한다.
  1. 해당 처분에 대하여 행정심판을 청구할 수 있는지
  2. 행정심판을 청구하는 경우의 심판청구 절차 및 심판청구 기간
② 행정청은 이해관계인이 요구하면 다음 각 호의 사항을 지체 없이 알려 주어야 한다. 이 경우 서면으로 알려 줄 것을 요구받으면 서면으로 알려 주어야 한다.
  1. 해당 처분이 행정심판의 대상이 되는 처분인지
  2. 행정심판의 대상이 되는 경우 소관 위원회 및 심판청구 기간

## 제59조(불합리한 법령 등의 개선)

① 중앙행정심판위원회는 심판청구를 심리·재결할 때에 처분 또는 부작위의 근거가 되는 명령 등(대통령령·총리령·부령·훈령·예규·고시·조례·규칙 등을 말한다. 이하 같다)이 법령에 근거가 없거나 상위 법령에 위배되거나 국민에게 과도한 부담을 주는 등 크게 불합리하면 관계 행정기관에 그 명령 등의 개정·폐지 등 적절한 시정조치를 요청할 수 있다. 이 경우 중앙행정심판위원회는 시정조치를 요청한 사실을 법제처장에게 통보하여야 한다.
② 제1항에 따른 요청을 받은 관계 행정기관은 정당한 사유가 없으면 이에 따라야 한다.

## 제60조(조사·지도 등)

① 중앙행정심판위원회는 행정청에 대하여 다음 각 호의 사항 등을 조사하고, 필요한 지도를 할 수 있다.
  1. 위원회 운영 실태
  2. 재결 이행 상황
  3. 행정심판의 운영 현황
② 행정청은 이 법에 따른 행정심판을 거쳐 「행정소송법」에 따른 항고소송이 제기된 사건에 대하여 그 내용이나 결과 등 대통령령으로 정하는 사항을 반기마다 그 다음 달 15일까지 해당 심판청구에 대한 재결을 한 중앙행정심판위원회 또는 제6조 제3항에 따라 시·도지사 소속으로 두는 행정심판위원회에 알려야 한다.
③ 제6조 제3항에 따라 시·도지사 소속으로 두는 행정심판위원회는 중앙행정심판위원회가 요청하면 제2항에 따라 수집한 자료를 제출하여야 한다.

## 제61조(권한의 위임)

이 법에 따른 위원회의 권한 중 일부를 국회규칙, 대법원규칙, 헌법재판소규칙, 중앙선거관리위원회규칙 또는 대통령령으로 정하는 바에 따라 위원장에게 위임할 수 있다.


**부칙 생략**

# 박문각
# 공인노무사

## 조홍주 **행정쟁송법**

2차 | 완벽정리

**제1판 인쇄** 2024. 8. 16. | **제1판 발행** 2024. 8. 20. | **편저자** 조홍주

**발행인** 박 용 | **발행처** (주)박문각출판 | **등록** 2015년 4월 29일 제2019-000137호

**주소** 06654 서울시 서초구 효령로 283 서경 B/D 4층 | **팩스** (02)584-2927

**전화** 교재 문의 (02)6466-7202

저자와의
협의하에
인지생략

정가 15,000원
ISBN 979-11-7262-069-1